PRINCETON UNIVERSITY

刘彦慧｜编著

普林斯顿大学
国家与世界

PRINCETON UNIVERSITY
The Nation and The World

中国出版集团
现代出版社

图书在版编目(CIP)数据

国家与世界：普林斯顿大学 / 刘彦慧编著. —北京：现代出版社，2013.2（2021.8重印）

（未来领袖摇篮）

ISBN 978-7-5143-1380-2

Ⅰ.①国…　Ⅱ.①刘…　Ⅲ.①普林斯顿大学－青年读物②普林斯顿大学－少年读物　Ⅳ.①G649.712.8-49

中国版本图书馆CIP数据核字(2013)第026502号

编　　著	刘彦慧
责任编辑	刘春荣
出版发行	现代出版社
通讯地址	北京市安定门外安华里504号
邮政编码	100011
电　　话	010-64267325 64245264（传真）
网　　址	www.xdcbs.com
电子邮箱	xiandai@cnpitc.com.cn
印　　刷	北京兴星伟业印刷有限公司
开　　本	700mm × 1000mm 1/16
印　　张	12
版　　次	2013年2月第1版　2021年8月第3次印刷
书　　号	ISBN 978-7-5143-1380-2
定　　价	32.00元

前言
QIAN YAN

如今已步入不惑之年，记忆中的一些事情好多都已如烟消云散，不过有一个问题始终萦绕心头，我高中毕业的时候，家里的生活非常艰难，父母为什么还让我读完大学呢？这个问题困扰我已经20年了。终于有一天，我明白了，父母想让我换一种生活方式；他们不希望我沿着他们的生活轨迹前行！

古人说："行万里路，读万卷书。"这句话实在深刻！对现代人而言，行万里路易，读万卷书难。科技的车轮正以惊人的速度滚滚向前，终日在电脑和千奇百怪的机器前忙碌的现代人，用电线、光缆、轨道和航线把地球变成一个村落，点击鼠标，我们可以在世界的任何一个角落把自己随意粘贴。好多人已经认为读书没什么用！读书是在浪费生命。于是，面对现代文明，缺少了读大学修炼的底蕴。我们频繁遭遇对面相逢不相识的尴尬，不断地积聚那些源自心底的陌生。为此，我们渴望一种深层的理解，渴望一种心灵的历练，以让脚步和心灵能够行得更远。

大学有着上千年文化的厚厚沉积，大学有着上千年文明的跌宕起伏，大学有着上千年社会的沧桑巨变，这足以让你惊叹，让你震撼。大学给你的感觉是那样空灵，那样清新，那样恬静。追昔抚今，历史的长廊仿佛就在眼前。生命却耐不住"逝者如斯夫"的侵蚀，大学生活也是必需的人生经历。大学的魅力，与其耳闻，不如亲见。大学生活可以弥补我们时间的缺失，增值属于我们的光阴；大学可以把智慧集腋成裘，让我们的生命成就高品质的价值。

在任何一个团体中，总有某一个人充当着核心的角色，他的言行能够被团体认可，并指引着团体的某一些决策和行动。我们可以把这种人所具备的人格魅力称为“领袖气质”。环境是一种氛围，一种智慧，一种“隐性课程”。我国古代有“孟母三迁”的故事，说明环境对人才成长的重要性。

在良好的教育环境中，人才更能轻松愉快、自由主动地去发现、思考和探索，从中获得知识经验，在情感、信念、意志、行为和价值观等方面得到潜移默化的熏陶；成长环境有助于显示今天的行动与明天的结果之间存在的永久联系。在这里，曾经出现过无数的政治、经济、军事、文化等各个行业的领军人物。他们用行动证明：最具实力、特点的学府，才能真正缔造别具一格的人才。

本丛书选了最具代表性的世界名校20所。通过对这些名校的概况、教学特点、培养的名人等的介绍，意在深度挖掘人才成功之路上不为人知的细节，同时剖析名校培养人才的根本原因所在，是一部您一定要读的人生枕边书。

尽管我们付出了诸多辛苦，然而由于时间紧迫和能力所限，书稿错讹之处在所难免。敬请各方面的专家学者和广大读者批评指正。我们不胜感激！

编 者

2012年11月

目 录

开 篇 大学是未来领袖的摇篮

大学，是社会的良心，是天才的渊薮，是文化与思想的栖息地，也是每一个青少年成为未来领袖的摇篮。每所大学都有独特的文化和性格。一所大学能反映一个城市甚至一个国家的精神气质。大学是今天与未来的桥梁，认识一所大学，可以树立一个梦想；树立一个梦想，可以创造一个人生。

领袖是怎样炼成的 ………………………………………………… (3)
大学在青少年成才中的作用 ………………………………………… (13)
伟人的性格特点 …………………………………………………… (16)
大学为伟人提供了成才的环境 ……………………………………… (19)

第一章 美国最好的大学之一

普林斯顿大学是全美最知名的研究性大学之一，美国实力最强的"常春藤联盟三巨头"之一(其他两所分别为哈佛大学和耶鲁大学)，享有"美国政治家的摇篮"的美誉，是美国最好的大学之一。

第一课 顶尖名校风采 ……………………………………………… (23)

第二课　普林斯顿大学的创建及发展 …………………………（31）
第三课　环境幽雅的大学城 …………………………………（36）
第四课　普林斯顿大学的艺术殿堂 …………………………（41）
第五课　普林斯顿大学名人榜——美国总统詹姆斯·麦迪逊 ……（50）

第二章　别具一格的教育理念

作为全美著名的一所私立的研究型大学，学校的教育资源实行以本科生教育为重，研究生教育为辅的方针。该大学“小而精”的办学方针有效地确保了本科教育的高质量。1998年，美国的《美国新闻与世界报道》杂志将普林斯顿大学与哈佛大学的本科教育并列为美国之首。

第一课　浓厚的欧式教育学风 …………………………………（63）
第二课　以本科生教育为主 …………………………………（69）
第三课　“小而精”的办学方针 ………………………………（75）
第四课　优势学科突出 ………………………………………（80）
第五课　普林斯顿大学名人榜——美国外交家乔治·凯南 ………（89）

第三章　注重传统的校园文化

普林斯顿大学的校园，被认为是全美最美丽的校园之一。校区内各个时期的精妙绝伦、富于变化的欧式风格及现代式的大学建筑，有机、和谐、统一。置身漫步于安静美丽的城堡校园内，很感慨，这里没有招牌没有围墙，有的只是深厚的文化沉淀和历史见证。

第一课　永远打开的门 ………………………………………（97）
第二课　深厚的文化沉淀 ……………………………………（102）

第三课　大学之“学” …………………………………………………（106）
第四课　普林斯顿大学名人榜——本·伯南克 …………………（111）

第四章　自由的学术氛围

精神氛围是一种无形存在体，无法看到，却能够感受到它的存在，受到它的影响。普林斯顿大学是宽松的、宽容的。这里容忍各种思想倾向和宗教信仰，接纳各种思想和学说。

第一课　一流的学术 ……………………………………………………（125）
第二课　保守与开放相伴 ………………………………………………（130）
第三课　浓郁的文化气息 ………………………………………………（136）
第四课　自由的研究氛围 ………………………………………………（142）
第五课　普林斯顿大学名人榜——人工智能之父阿兰·图灵 …（149）

第五章　孕育梦想的地方

历史上普林斯顿大学校友中有35(1919年—2011年间)人获得过诺贝尔奖。其中有和平奖，化学奖，医学奖等各个奖项，此外，普林斯顿大学的学者在一流学术期刊和人文类杂志上发表论文的人均数量也高居全美之首。这里是孕育梦想的地方。

第一课　美国常春藤盟校之一 …………………………………………（165）
第二课　普林斯顿大学的“美丽心灵” ………………………………（168）
第三课　普林斯顿大学的“腹中之火” ………………………………（171）
第四课　普林斯顿大学名人榜——美国戏剧作家尤金·奥尼尔 …（176）

后　记 ……………………………………………………………………（183）

开　篇　大学是未来领袖的摇篮

大学，是社会的良心，是天才的渊薮，是文化与思想的栖息地，也是每一个青少年成为未来领袖的摇篮。每所大学都有独特的文化和性格。一所大学能反映一个城市甚至一个国家的精神气质。大学是今天与未来的桥梁，认识一所大学，可以树立一个梦想；树立一个梦想，可以创造一个人生。

领袖是怎样炼成的

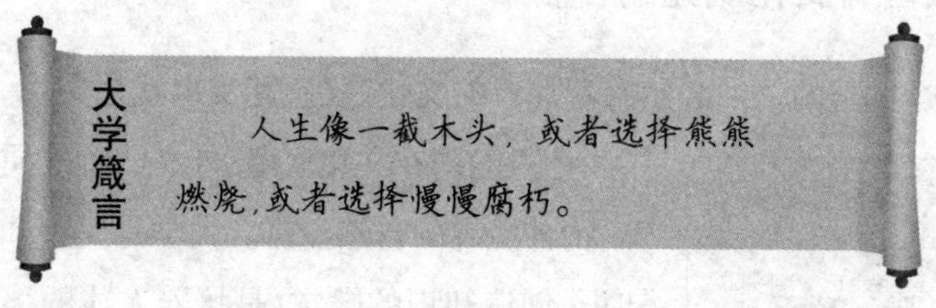

做一个出类拔萃的领袖

要想真正成为一名出类拔萃的领袖，必须在工作、生活各个方面具备过硬的素质。从某种意义上说，领袖必须成为人民的理想楷模。这不仅是指通常所理解的“德”，而且也是指同样重要的“智”。一个真正的领袖必须拥有远大的抱负，拥有异于常人的智慧，超常的适应能力，服务大众的态度和引导舆论的能力。

一个好领袖必是一个好的聆听者，并掌握与人沟通、表情达意的技巧。他充满自信，具有很强的分析能力，亦必毅力过人，并能不断自省以求进。英国首相温斯顿·丘吉尔说过：“成功不是终点，失败也并非末日。最重要的是具备勇气，一直前行。”当一个人为实现梦想苦苦追寻的时候，需要这样一种意志和品格。

坚持，是一种信念。无论在国内，还是在国外，要获得最美丽的人生，要实现自己最大的价值，要能够对社会、对他人有所回报，就要坚持自己的目标和梦想。

坚持，是一种过程。这个世界上，天上掉馅饼的事儿几乎为零，或者没有什么事情是一蹴而就的。在梦想实现之前，需要耐得住寂寞、孤独和暂时的不成功。

坚持，是一种生活方式。学习也好，工作也好，生活也好，都需要用一种坚持的态度去完成。这种生活方式可以磨练自己的意志力。坚持住人生信念，没有什么困难是不可以克服的。

做富有文化底蕴的智者

【领袖语录】

读书时不可有己见；读书后不可无己见。

一个优秀的领袖必然有着深厚的文化底蕴，其实也就是文气。文气是指一个人的内在文化底蕴、外在儒雅气质、文化修养、精神境界的自然显露。大学是保存知识、传播知识、创造知识的殿堂，是培养人才的摇篮，是先进文化的策源地和辐射源。大学领导者作为知识分子的领袖、楷模和标尺，如果自身没有知识、没有文化、没有学问，即没有所谓的“文气”，就不会得到师生的尊重、敬仰和爱戴，就很难引领大学的发展。

修炼文气，须多读书，成为大学者。“腹有诗书气自华”。要养成儒雅的文气，就必须博学多识，不仅学习教育学、心理学、管理学、领导学、经济学等知识，还要多读经典古文、传统诗词、名家名篇，广泛涉猎经济、政治、文化、社会等各方面，学贯中西、通晓古今，努力成为著名学者。纵观做出卓著成绩的校长，他们都是某个学科领域的专家，同时也对人文社会科学知识有深厚的积淀。如北京大学原校长蔡元培是哲学家、美学家，还通晓教育学、心理学、生理学，堪称大学问家。

修炼文气，须多思考，成为思想家。文气的养成是为了提高个人素养，促进工作实践，而思考是学习与行动的桥梁，“学而不思则罔”。思考形成思维，思维产生观念，观念形成思想，思想决定行动。因此，大学领导者必

须学会思考，并多思考。要明了大学的性质，知晓大学的历史，把握大学面对的环境和拥有的资源，把文气的养成与改造思想结合起来，与指导实践结合起来，与解决实际问题结合起来。历史证明，成功的大学领导者，一般都是深邃的思考者。譬如，哈佛大学校长博克曾著《超越象牙塔》，指出现代大学不能回避为社会的进步和国家的利益服务；芝加哥大学校长赫钦斯曾著书《高深学问》，反对功利主义，倡导博雅教育；耶鲁大学校长吉亚麦提曾著《大学和公众利益》，探讨大学的性质和在社会中的作用；加州大学校长克尔曾著《大学的功用》，提出了巨型大学的概念。由于他们对大学有深入的思考，不随波逐流，从而把大学办出了特色，推上了新台阶。

修炼文气，须多谋划，成为谋略家。大学领导者是学校的规划设计者，历史上有卓越成就的大学领导者都是优秀的谋略大师。卡迪夫大学前任校长史密斯爵士曾说过，作为领导者，他必须将四分之三的时间花在思考学校方向和战略上，他认为，"校长就是要将自己的办学战略和价值理念传播出去，让学校所有员工接受，然后选择合适的人去实现这些策略。"中国的大学校长都曾经或正在谋划制定"大学发展战略规划、大学学科和师资队伍建设规划、大学校园发展规划"，引领大学的发展和振兴。事实证明，大学领导者只有经常围绕"建设一个什么样的大学，怎样建设这样的大学"的问题潜心思考，精心谋划，才能认准大学发展的根本方向，不至于随着各种思潮的冲击而左右摇摆。

> **【领袖语录】**
>
> 所谓年轻的心，就是总有一扇门敞开着，等待未来闯进。

浩然正气的力量

一个优秀的领袖还必须有正气。孟子曰："吾善养吾浩然之气。"文天祥说："天地有正气，杂然赋流形。下则为河岳，上则为日星。于人曰浩然，沛乎塞苍冥。"对大学领导者来说，正气就是不媚俗，能引领社会发展潮流。

修炼正气，须不媚俗。大学既要防止“滞后于社会”的弊端，但又不简单地“迎合时尚”。这就要求大学领导者的办学理念和行为方式必须因时而变，成为“对现在和未来都会产生影响的一种力量”。但这种适度而明智的变化不是无原则、无限度的，必须是“根据需求、事实和理想所做的变化”。罗伯特·M·赫钦斯在《学习社会》一书中直言不讳地追问：“大学究竟是为社会服务还是批评社会？是依附于社会还是独立于社会？是一面镜子还是一座灯塔？是迎合眼前的实际需要，还是传播及光大高深文化？”这些都需要我们深思。

有几个充分表明大学校长不媚俗的例子：1986 年哈佛大学校庆，当时的美国总统里根希望获得哈佛大学名誉博士的称号，但哈佛大学校长德雷克·博克予以拒绝：“里根可以成为美国总统，但他难以获得哈佛的博士学位，因为这是学术称号。”人们称之为“两个 President 之争”。基辛格从国务卿岗位上卸任并退出政坛后，很想回到哈佛大学工作，但被哈佛大学校长婉言谢绝：“基辛格是个学识渊博的人。如果论私交，我和他的关系也不坏。但我要的是教授，不是不上课的大人物。”1957 年北大校长马寅初在最高国务会议上提出他的“新人口论”，受到当时权威的批判，但他说：“我决不向专以力压服，不以理说服的那种批判者们投降。”尽管他被迫辞去北京大学校长职务，全国人大常委之职也被罢免，公众的心中却并未消失，马老正直的身影和铿锵之声；历史证明，马寅初不媚俗，不迷信权威，他掌握了真理。

修炼正气，须能引领。大学不应脱离社会、孤芳自赏，而应当“与社会保持接触”，并“以自己的实力和声望”对科学和重大而紧迫的社会问题、社会现象进行研究，从而对社会可能采取的行动与对策产生影响。赫钦斯说：“大学是一个瞭望塔。”在改革社会中应发挥积极的作用，成为承担公共服务的必不可少的工具，应不惜一切代价加强各种创造性的活动，引领社会前进。普林斯顿大学原校长弗莱克斯纳认为：大学必须经常给予学生一些东西，这些东西并不是社会所想要的（want），而是社会所需要的（needs）。不管社会如何变化，在任何情况下，大学都有对于知识和

思想保存的责任，能不断引领社会发展，而不是一味地适应社会。因此，大学领导者应有能力通过引领大学发展来引领社会发展。

底气是做人之本

> 【领袖语录】
> 不要把知识与智慧混淆，知识告诉你怎样生存，智慧告诉你如何生活。

一个优秀的领袖还必须有底气。底气是做人之根本、根基、根源。底气足，才有真本钱，才有发言权，才有凝聚力和号召力。底气的表现形式就是说话的分量、人格的魅力、个人的影响力，就是群众的归属感、信任感和敬仰感。作为大学领导者，必须要有充足的底气。有了充足的底气，才能确立威信，促进事业的兴旺发达，实现大学的价值。充足的底气需要磨练和积累，需要全身心地培育和修炼。

修炼底气，须立大志。底气源于理想和信念。理想和信念是大学领导者的基本内在修养。大学最根本的社会功能就是储存、创造和传递人类文明。大学要创造新的人类文明就要为了真理而追求真理。追求真理本身就是目的，因此，它天然地反对功利主义。大学还要负载价值，守望社会精神文明，给人类以极大关怀。因此大学领导者要树立追求真理、献身真理的大志向。要坚信我们所从事的事业是正义的事业，是伟大的事业，责任崇高而神圣，任务光荣而艰巨。

修炼底气，须善实践。能力是底气的表现。大学领导者在专业上要做专家，管理上要做行家，必须勤于实践善于实践。以华中科技大学历任领导者为例，他们都是善于实践的典范。朱九思提出“敢于竞争，善于转化”，“科研要走在教学的前面”，大力加强科学研究；杨叔子坚持“高筑墙，广积人”，大力加强师资队伍建设；周济实践“以服务求支持，以贡献求发展”，大力发展社会服务等。正是历届领导者励精图治，实践创新，硬是把一所名不见经传的大学建设成了一所国内外知名的大学。由此可见，大学领导者应该是实践者。他不一定是管理学科的专家，但深谙教育管理之道，善于行政管理，精于用人之道，具有解决和处理各类大学矛盾的能力。

他不一定是专门的政治家，但能够把握大学正确的发展方向，提出适合大学长远发展的办学思想与理念，用先进的办学指导思想推进大学的建设、改革与发展。

修炼底气，须敢成功。成功的大学，领导者会更有底气，有底气的领导者会把大学引向更加成功的境地。正是由于哈佛校长艾略特、劳威尔、柯南特、博克等人成功地将哈佛引向了成功，才使哈佛大学更有了底气；也正是哈佛大学的不断成功，才使哈佛大学的校长更有底气，从而进一步引领大学从胜利走向新的胜利。

大气是一种智慧

一个优秀的领袖还必须有大气。大气，就是大气度、大胸怀、大气魄，大爱心。大学应该有大气。江泽民同志在北大百年校庆时讲："大学，应该是培养和造就高素质的创造性人才的摇篮，应该是认识未知世界、探求客观真理、为人类解决面临的重大课题提供科学依据的前沿，应该是知识创新、推动科学技术成果向现实生产力转化的重要力量，应该是民族优秀文化与世界先进文明成果交流借鉴的桥梁。"完成这一使命，"大学的党委书记和校长，应该成为社会主义政治家、教育家。"因此，大学领导者应该有大气。

修炼大气，须有大视野。大学之大，根本取决于它的两大直接产品：学术和学生，以及铸成这两大产品的模具：学者、学长和学风。因此大学之大，乃在于学术之大、学生之大、学者之大、学长之大、学风之大。大学领导者要有宽广的视野、开放的精神，兼容并蓄，善于从复杂的现象中看到事物运动的基本态势，抓住基本规律，从眼前的利害中超越出来，突破经验的束缚，对社会需求进行全局的、客观的把握，穿透眼前，看到长远。大学发展的历程证明，大学领导者的视野往往决定大学的发展。纽曼的传统大学观把大学看作是"一个居住僧侣的村庄"，弗莱克斯纳的现代大学观把大学看作是一个城镇，而克拉克·克尔的多元化巨型大学观则把大学看作是"一座充满无穷变化的城市"。可见领导者的视野决定大学的视野。哈

佛大学校长萨默斯以国际视野改革大学教育，强调哈佛新课程改革要给本科生更多的到国外学习的机会。

修炼大气，须有大胸怀。“一个人胸怀有多大，才能做多大的事业。”大学具有天然的包容性：首先是学科包容。大学包容了传统基础学科，还包容了跨学科、边缘学科和应用学科，甚至为那些已经乏人问津的学科以及尚未获得广泛承认的学科与知识领域留有一席之地。其次是学者包容。大学包容各种各样的学者和学生，甚至为个别行为、个性和思想方法奇特的学者创造宽松环境，使他们按自己的习惯从事活动。再次是学术包容，即包容学术上的各种不同见解。因此，大学领导者在办学理念上，要有开放意识和世界眼光，以昂扬的气势迎接各种挑战，以仁厚的情感容纳学生，以宽容的精神对待学术，以谦虚的心灵接纳新知识；要在选用人才上，有“海纳百川”的大气，以开放的胸怀招揽人才，以宽广的眼光选用人才；在具体工作上，要有团结友爱的胸怀、互以对方为重的风格，要搞五湖四海，不搞小圈子，做到坦坦荡荡、光明磊落，容人、容事、容言。如果说大楼、大师是大学的硬件，大气则是软件，软件与硬件同样重要。在一定意义上，甚至可以说软件比硬件更重要。1953 年出生的安德鲁·怀尔斯，10 岁时对世界难题费马大定理着了迷，于是立志搞数学。他 32 岁成了普林斯顿大学教授后好像突然消失了，学术会议不参加了，论文也没有，有人说他江郎才尽了，有人说应该解聘他，但普林斯顿大学校长不为所动，仍然聘他为教授，表现出了大学的大爱，终于在 9 年后的 1994 年，安德鲁·怀尔斯破解了费尔马大定理，轰动世界，也使普林斯顿大学声名远扬。

【领袖语录】

气不和时少说话，有言必失；心不顺时莫做事，做事必败。

修炼大气，须有大手笔。有了大手笔，才会有大发展。大手笔，要有大气魄，要有超越、怀疑、批判精神。要超越各种形式的禁锢和守旧观念，挑战各种历史理论和权威，深刻批判与反思，进行前提性追问、主体创造与建构。正是因为洪堡的大手笔才使柏林大学得以振兴，成为研究型大学的

> 【领袖语录】
>
> 遭遇鄙视是因为你对别人有威胁，或者有价值，是值得欣慰的。

楷模，从而使大学具有科学研究的职能；正是范海斯的大手笔，提出“威斯康星州的边界就是威斯康星大学的边界”，才使美国大学得以崛起，从而使社会服务成为大学的第三大职能；也正是蔡元培的大手笔改造旧北京大学，才使北京大学焕发出新的青春活力，成为真正意义上的现代大学。大学领导者要有大手笔，就要敢于有所为，有所不为，有所舍弃，敢于砍掉不适合自己学校发展的东西；有所为，有所先为，有所后为，敢于在自己的位置上创新、创造不可替代的业绩。

锐利的士气

一个优秀的领袖还必须有锐气。《淮南子·时则训》所说的“锐而不挫”，彰显的是不畏困难和挫折的精锐士气。锐气就是要有一股子劲，始终保持一种向上的进取姿态，保持高昂的工作热情和工作韧劲。锐气就是在成绩面前不忘乎所以，在困难面前不灰心丧气，不断适应新形势，研究新情况，解决新问题，做到“苟日新，又日新，日日新”。有锐气，才能有所作为，有所建树。

修炼锐气，须讲批判。大学是知识传递与生产的场所，是新思想的重要发源地。不论是知识的传递与生产，还是真理的探求，都应该建立在大学批判责任基础之上。德国社会学家海因兹·迪特里奇尖锐地指出：“今天的大学是一些被阉割了的机构，大学教育脱离大多数人的生活现实，研究质量低下，教育道德沦丧。”作为大学领导者要弘扬大学的批判责任，鼓励和支持大学继续扮演那种绝对真理、社会公正和道德良心守护神的角色。

修炼锐气，须讲创新。加拿大阿尔伯塔大学校长罗德里克·德·弗雷泽认为，大学领导者的主要职责有三项：第一，吸引最好的学生到学校读书；第二，吸引最好的教职员工到学校工作；第三，为教职工、学生提供足够的资源，营造积极的氛围，使师生能够有效地学习、创造性地开展学术与科

研工作,保证他们发挥最大潜力。大学要做好这些工作,没有具备创新意识和创新能力的领导者是不行的。创新是大学保持生命力的关键所在。历史证明,不满足于现状,勇于改革和创新是优秀大学领导者共同的特征之一。哈佛大学原校长劳威尔说在他任校长的24年里,有四大创新:一是设立主攻课和基础课制度,二是设立住宿学院制度,三是设立导师制度,四是设立荣誉学位制度。这些都为哈佛大学的进一步发展奠定了基础。

修炼锐气,须养个性。牛津大学原校长纽曼是一个有个性的校长。他认为:大学是传播普遍性知识的场所。知识本身即目的。教育是理智的训练。大学是为传授知识而设的,"如果大学是为了研究,我不知道大学为什么要那么多学生"。他的个性造就了牛津大学的辉煌。柏林大学原校长洪堡认为,大学的基本组织原则就是两条:自由和宁静,教师和学生为科学而共处,自由地进行各种学术上的探讨。他的个性使柏林大学很快崛起。威斯康星大学原校长范海斯认为,大学的基本

【领袖语录】

没有人可以打倒你,打倒你的只有你自己。

任务是把学生培养成有知识、能工作的公民；进行科学研究，发展创造新文化、新知识；传播知识，把知识传授给广大民众，使他们能够运用知识解决经济、生产、生活、政治等方面的问题。这种理念引领大学走出了古典大学的围墙，使大学获得了新的生命。曾经被毛泽东评价为“学界泰斗，人世楷模”的蔡元培，不仅提出了“囊括大典、网罗众家，思想自由、兼容并包”的著名办学方针，铸就了“北大精神”，更重要的是，他具有“外和内介、守正不阿，勇于任事、敢于负责，宽容大度、民主平等，严于律己、廉洁奉公”的个性，改造北大，铸就了北大的辉煌。

领袖素质

远大的理想。纵观历史中的领袖都有远大的抱负，所谓吞吐天地之志。拥有这样的理想才能塑造其人格魅力。人们追随他，绝不仅仅因为他长得帅，而是因为他能带给人们希望，给人们一个远大而美好的憧憬。

大学在青少年成才中的作用

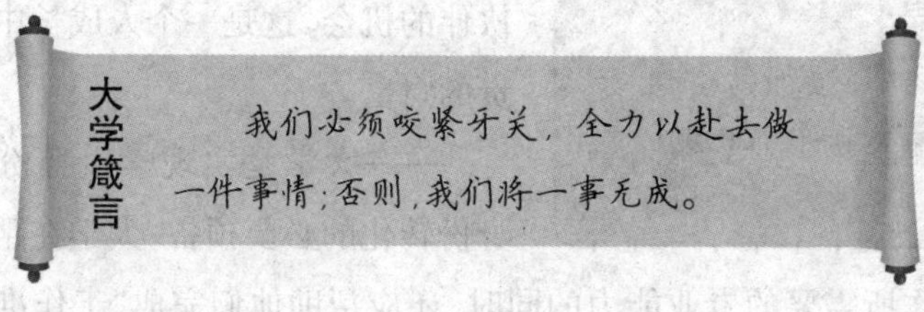

做一个知书达礼的人

大学可以让我们自我发展与完善，大学不仅能帮助学生“读书明理”，更能帮助学生提升修养、品质、智慧。大学教育对于年轻人形成人生观、社会价值观，对于发现和理解生命的意义和人的社会价值有极大的作用。大学是人们的精神家园。

青少年作为明日的社会精英，在大学期间除了读好本科课程外，亦应把握所有机会与同窗多交流，多沟通，以培养人际沟通技巧，学习聆听，也多表达意见。这些同侪间的互动、不断的切磋砥砺，对于培养个人自信心、提高分析和自省能力都有莫大裨益。

大学在现代已经逐渐发展成高等教育系统，由各种类型的高校组成，不同类型的高校的社会职能与社会定位、人才培养目标、对学生的要求、教育教学模式各不相同。就读不同的高校通常与不同的职业生涯发展有着较为密切的联系。选择大学,应当是个人对大学意义与价值和自身发展设想充分认识基础上的理性判断。从一般意义上讲,今天的大学至少能为学习者提供以下服务。

——大学是探究未知世界的场所。具有好奇心的年轻人与致力于探究未知世界的教师结成共同体,大家志同道合,在满足好奇中推动人的发展和社会发展。这样的职能是其他社会机构无法替代的。

——大学是年轻人交往的地方。大学把四面八方、有着各种文化背景、生活体验与经历的学生汇集起来,让年轻人相互交往并且相互学习,为每一个学习者提供发现不同的交往伙伴的机会。这是一个人成长中极为宝贵的财富。

【领袖语录】

信仰比知识更难动摇;热爱比尊重更难变易;仇恨比厌恶更加持久。

——大学是实现学生身份到工作身份转化的必要预备。大学在帮助学生形成工作所需要的专业能力的同时,还应帮助他们完成"工作准备",形成个人就业的"配置能力"(个人在就业市场上发现机会、自我判断、抓住机会实现就业的能力)。大学对学生在心理、文化、人际交往、专业等方面的训练,正是为了能有这样的"配置能力"。这是推动学生转型为"职业人"的社会化过程。

——大学帮助年轻人获得安身立命的专业能力。高等教育往往决定多数人终身的专业方向和职业领域,它帮助学生形成专业化的劳动能力,在今天这样分工高度专业化的社会,专业教育具有关键作用。

做适应社会需要的人

现代大学将越来越难以提供人们曾经期待的那种"社会地位配置"作用,而"回归"教育机构的本质。所以,大学生要认真把握大学能提供什么和自己需要什么,在大学里努力提升综合素质和专业能力,给自己的未来加注尽可能多的"能源"。

随着世界格局的变化，特别是东西方阵营的瓦解和各国发展模式的调整。原有政治主导或经济主导的状况相应改变。大学的普及成为影响青少年发展的重要因素，也引起青少年组织与社团的高度重视。大学为青少年学习提供动力的同时，为青少年组织与社团开展各种服务、活动、教育提供了机遇。

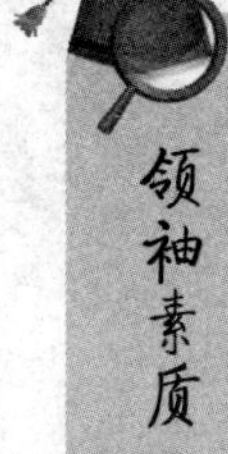

领袖素质

超常的适应能力。领袖的路并不一定是一帆风顺的。有前呼后拥的壮观场面，也有独自一人的低谷阶段。能够适应时局的起落变化，不被挫折打倒，不被胜利冲昏头脑是领袖的生存之道。

伟人的性格特点

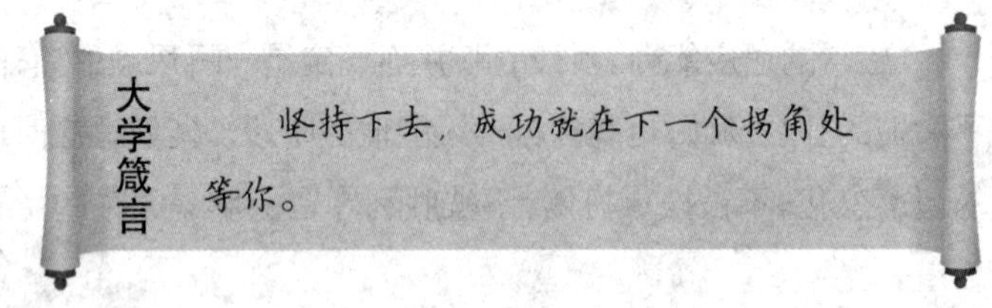

非智力因素的作用

现代心理学研究表明，一个人的非智力因素（性格是其中一个重要方面）在一个人的成才中占有十分重要的作用。一个人具有优良而成熟的性格就能最大限度地发挥自己的精神力量，并能与环境中的他人建立和谐良好的关系。一个人的性格还是其自身品德、世界观的具体标志，是其精神面貌的综合反映和集中体现。

有人对享有盛誉、成就卓著的领导人的性格进行了研究，发现他们共同的性格特征是：实际、客观、求善、创新、坦诚、结交、爱生命、重荣誉、能包容、富有幽默感、悦己信人。这些性格特征是他们造福于人类的信仰的体现，对支持他们始终如一地为实现信仰而奋斗起了重大作用。

美国心理学家台尔曼对 150 名事业有成人士进行研究，发现性格因素与他们的成功有着密切关系。他们往往具有以下共同性格特征：第一，

为取得成功的坚持力;第二,善于积累成果;第三,自信心强;第四,不自卑。考克斯对1450年至1850年400年间所出现的301位伟人进行研究,发现他们都有以下优秀性格特征:自信、坚强、进取、百折不挠等。

在社会实践中,对不同职业者还有不同的职业性格要求。例如,做医生要有严谨、认真、细心、安定的性格;做企业家要有独立、进取、坚强、开放、灵敏等性格;而作为军人就要有勇敢、坚强、果断、自制、机智等性格。不具备相应的职业性格特征的人,往往难称其职。

在日常生活和人际交往中,热情、真诚、友善的人受欢迎,生活也幸福;冷漠、虚伪、孤僻、不负责任的人受冷落,生活也多有不幸。

信念的作用

信念,是一种心理因素。信念领导力是战胜挫折、赢得机遇的前提,也是切实的方法。自信的人首先忠诚于自己的信念,这种信念融入你的言行、举止,让你的举手投足都在辅助你的语言所表达的信息,因而让人们相信你的能力和人格。作为一个领导者,信念坚定是战胜工作中的困难,力排干扰,把握时局,打开局面,果断决策和树立领导威望的一个重要的心理优势。

有了信念,才能以最佳心态开展工作、履行职责;有了信念,才能以饱满热情开创事业、完成使命。运动员在赛场比赛,要争得第一,争得一流,不可没有信念;求职者在人才市场应聘,要技压群芳,求得赏识,不可没有信念。一名领导干部,无论是作竞职演讲,还是就职表态,必须保持良好的心理素质和精神状态,以坚定的口气、热情的态度、积极的表现来赢得上级和群众的支持。

自信是一种认识和态度

自信是一种认识和态度,也通过人的风格来表现。美国形象设计大师鲍尔说:“成功男人的风格反映在外表,而优雅来自内在,它是你的自信及对自己的满意,它通过你的外表、举止、微笑展示。”自信并不一定是天生具有的，它可以通过后天的培养而产生。如果你在生活中认真观察，你会发现这种自信是有感染力的。

心理学家发现，外向的性格和信念是吸引和保持朋友的重要原因。由于自信，朋友和同事愿意跟随着你，上司也会对自信的人高看一眼。因为你具有自信的气势，让别人相信你能把任何事都变成现实。然而信念却不一定需要用语言来表达，它通过你的神态、语气、姿势、仪态等等，无声无息地、由里向外地散发着魅力。

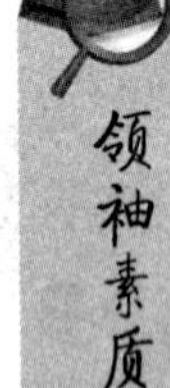

领袖素质

服务大众的态度。领袖并不一定要用暴力主宰一切，事实上暴力统治一般不能长久。长久的领导艺术需要懂得如何服务大众，满足大众。

大学为伟人提供了成才的环境

大学箴言 所谓人才，就是你交给他一件事情，他做成了；你再交给他一件事情，他又做成了。

环境对人的心理和行为具有普遍制约作用。系统论认为，环境是第一个在系统周围能够广泛产生作用的场所和条件。人的心理机能是对环境的长期适应的结果，人的心理和行为取决于当前的刺激、个性特征、整个环境及特征。同时，环境与人的心理和行为是相互作用的，这种关系不仅表现在人类生存的自然环境与人的心理与行为的相互作用，也表现在社会环境与人的心理和行为的相互作用，环境对人的心理、行为产生普遍的制约作用，人的心理、行为又导致环境的改变。

心理学家考夫卡在其《格式塔心理学原理》一书中提出环境分为现实的地理环境与个人意想中的行为环境，他认为行为产生于行为环境，受行为环境的调节。另一位心理学家勒温在《拓扑心理学原理》一书中提出

动力场理论，该理论中的生活空间是指人的行为，也就是人和环境的交互作用。勒温所指的环境是指心理环境，是与人的需求相结合在人脑中实际发生影响的环境，由于人的需求的作用，使生活空间产生了动力，勒温称为引力或斥力。由于生活空间具有的动力，人的行为就沿着引力的方向向心理对象移动。

大学为伟人们提供了一个“宽松”与“紧张”适度平衡的环境。大学的环境往往会创造出一种特有的氛围。耶鲁大学模仿英国牛津大学和剑桥大学的模式，从20世纪30年代开始实行的“住宿学院”制沿袭至今，每个“住宿学院”有300~500名本科生，男女比例对等，配有院长和学监各1名。12个“住宿学院”拥有自己的餐厅、客厅、庭院、图书馆、娱乐室等。学校希冀借此使其学生所受的教育不仅仅局限于课堂知识，而且注重在起居社交时学到做人的道理，并从中获得终身的友谊。

列别捷夫曾说，“平静的湖面，炼不出精悍的水手；安逸的环境，造不出时代的伟人。”在这个高等教育良莠不齐的时代，一所真正的一流大学所能为国家和民族乃至整个社会做出的贡献是不可估量的。

领袖素质

引导舆论的能力。不得不承认，所有的领袖都要有非常好的口才。他必须时刻掌握舆论导向，让思想意识统一在自己的领导方向上。在管理学中，领袖是人际角色中的一类，有着激励和指导团队成员的责任。

第一章　美国最好的大学之一

普林斯顿大学是全美最知名的研究性大学之一，美国实力最强的“常春藤联盟三巨头”之一（其他两所分别为哈佛大学和耶鲁大学），享有“美国政治家的摇篮”的美誉，是美国最好的大学之一。

第一课　顶尖名校风采

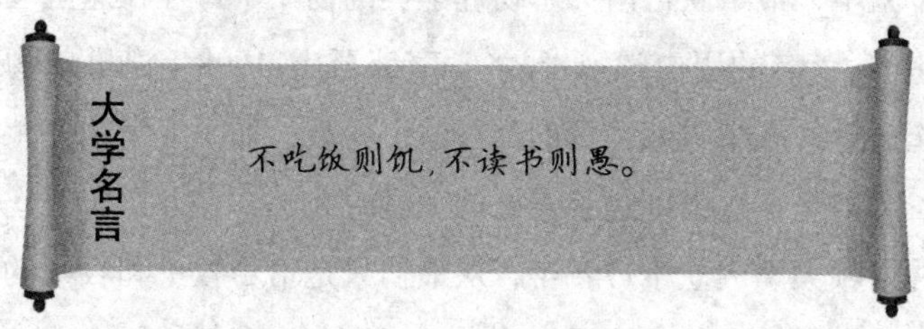

美国最好的大学是哪一所？《美国新闻和世界报道》给出的答案，不是哈佛大学或耶鲁大学，而是位于新泽西州的普林斯顿大学。

《美国新闻和世界报道》《时代》《新闻周刊》并列美国三大新闻周刊，其1983年起每年推出的美国高校排行榜，在全美教育界影响极大。最近八年来，普林斯顿大学在排行榜上独占鳌头，7次独自占领榜首，1次和其他大学并列第一。

独立战争时期，美国大陆会议曾在这里召开；两百多年前，美国"开国之父"乔治·华盛顿将军曾经在这里与英军大战几个回合，并在给他养子的一封信中这样说道："没有一所学校能比它产生更好的学者和给人以更值得尊重

【普林斯顿大学校训】

普林斯顿大学的校训为“她因上帝的力量而繁荣”(Dei Sub Numine Viget)。毕业校友中有州长,有好莱坞明星和两位美国总统。著名的相对论提出者爱因斯坦亦曾于此任教并从事高等研究。

的教养。”20世纪最伟大的科学家爱因斯坦曾经在这里度过了生命中最后的22年时光,并发出了这样的感叹,“我舒服得像一头冬眠的熊,在颠沛的一生里,从未试过如此像在家里。”当代最著名的大诗人之一艾略特20世纪初曾经在这里沉溺于冥想玄思;每逢50年校庆,当时在任的美国总统一定会在这里发表演讲。

在华人中,最早获得诺贝尔物理学奖的杨振宁曾经在这里埋头于高能物理世界;著名的历史学家、经济学家邹至庄、1998年诺贝尔物理学奖获得者崔琦等华人学界翘楚目前都在这里任教;加州大学柏克莱分校前校长田长霖曾经在这里度过了美好的大学时光。

普林斯顿大学成立于1746年,从最初只是培养教士和牧师的学院发展到现在的世界知名的一流研究型大学,已有260多年的历史。

今天的普林斯顿大学已经发展为一所全美最知名的研究性大学之一,美国实力最强的“常春藤联盟三巨头”之一(其他两所分别为哈佛大学和耶鲁大学),享有“美国政治家的摇篮”的美誉。这所大学在学术上享有极高的声誉。近年来,在美国《美国新闻与世界报道》最具权威的学校排行榜中,它的名次一直稳定地保持在前三名。

什么是“常春藤盟校”?对美国教育关注的国人时常可以在媒体和书籍中看到常春藤盟校或常春藤联盟(Ivy League)这样的字眼,事实上,它们是指美国东北部八所院校组成的体育赛事联盟。这8所学校有着许多共同的特点:它们全部是美国最顶尖、最难考入的大学,也是全世界产生最多罗德奖学金得主的大学联盟。全世界接受捐款最多的学府以及拥有最多优秀学生与师资的院校。

此外,它们也是美国历史最悠久的大学,8所学校中的7所是在英国殖民时期建立的。这8所院校包括:布朗大学、哥伦比亚大学、康奈尔大学、达特茅斯学院、哈佛大学、宾夕法尼亚大学、普林斯顿大学、耶鲁大学。不过,

鲜有中国人知道的是，这些常春藤盟校都是以基督教起家的，最初的每一位校长都是牧师。

普林斯顿大学的校园环境十分优美，是美国最漂亮的校园之一。普林斯顿大学的校园内有5个大小不同的戏院及许多戏剧团体，有管弦乐队、合唱队、爵士歌舞团、歌剧院、礼拜团乐队、唱诗班、福音演奏组；学校有38个体育代表队，几乎一半以上的本科生参加校际体育比赛；学校有200多个学生组织，一份学生报纸《普林斯顿日报》，一个WPRB学生无线电台。良好的办学条件确保了普林斯顿大学对优秀生源的吸引力，在客观上为其成功创造了条件。

社交团体

普林斯顿大学的学生重要的社交活动是13个饮食俱乐部，只有三年级以上的学生才能参加，高年级学生不在学校食堂吃饭，而是参加俱乐部中的一个。这些俱乐部有些是通过抽签的方式吸收新会员，有些则在每年春季自己挑选认为合适的新成员。每年此时，普林斯顿大学都会掀起一场争论，有的学生认为自己有权力决定和谁一起用餐，有的学生对俱乐部录取新成员的标准提出异议。最有名的俱乐部是“常春藤”和“老虎旅馆”。

大多数普林斯顿大学学生都住在校内的学生宿舍里。一、二年级学生住在住宿学院里，年长学生可以选择住在校外，但是这样的学生不多，因为当地的房租和地价都非常高。本科阶段的社会活动包括一系列的“饮食俱乐部”，这种活动对高年级学生也开放。这种学校活动的功能和其他大学的联谊会类似。

住宿学院

普林斯顿大学的本科住宿学院是包含食宿功能的一系列建筑，由一、二年级以及一些住宿顾问(resident advisers)居住。每个学院都包括一系列宿舍，一间食堂，其他设施(包括自习室、图书馆、舞台、暗室等等)，以及管理人员和有关教师。

普林斯顿大学目前有五所住宿学院。洛克菲勒住宿学院和玛茜住宿学院坐落于校园西北，两所学院的学院哥特风格建筑由于其代表性经常占据学校宣传品的版面。处在校园中南部的威尔逊住宿学院与巴特勒住宿学院，相比起来，要新一些，也是专门为作为住宿学院而建的。

福布斯住宿学院位于校园的西南，曾被用作酒店，后来被校方买下用作住宿学院。本来以主赞助商玛格丽特·惠特曼，购物网站电子湾eBay创始人，任CEO命名的威特曼住宿学院的建筑计划在2003年末取消。

伍德罗·威尔逊曾在20世纪初对现有的住宿学院曾提出过改革计划。威尔逊的计划和耶鲁大学目前的计划类似，是一个四年连续的住宿学院。由于得不到理事的支持，这个计划在1968年威尔逊住宿学院建立和一系列的饮食俱乐部建立的时候才正式开始。一、二年级住宿学院的系统经常成为激烈讨论的题目。未来的计划是建立在威特斯住宿学院完成的基础之上的。校方提出的威特斯计划(“Wythes Plan”)提出要在未来增加500名本科学生，两所住宿学院也会扩建以适应研究生的需要。这些新建计划就代表着威尔逊计划在提出一个世纪之后正式实现。

学院哥特风格的Cuyler Halls是普林斯顿大学的学生宿舍。

此外，普林斯顿大学还有一所研究生住宿学院，称作研究生住宿学院，处在比福布斯住宿学院更远的校园角落。克里夫兰塔（"Cleveland Tower"）是这一系列的学院歌特（Collegiate Gothic）建筑中的代表，也是当地一个世界级钟乐队的所在地。

【系科设置】

普林斯顿大学的学科只有文理工三科，没有工商管理、医学、法律和教育学院。普林斯顿大学分本科生部和研究生部，共有4个学院：新泽西学院、工程和应用科学院、建筑和城市设计学院、威尔逊公共和国际事务学院。

"饮食俱乐部"

普林斯顿大学的特征之一是小。住宿小区的扩建丰富了本科生和研究生参与学术和课外活动的机会。几乎大学所有的本科生和70%的研究生都住在校园里。学校还提供了教职工的住房和餐饮。

本科生可选择住宿是有限的，只有大三、大四的学生可选择紧密的住宿学院社区或个人宿舍。对于研究生，历史悠久的研究生院会提供宿舍式的客房和不带家具的公寓等几种复合形式房屋。四年制大学的住宿学院制度是高年级和研究生有机会生活在一个住宿学院。教职工可以从学校附近的600所单元楼中租房居住。

学校也有各种各样的餐饮可供选择。本科阶段的社会活动包括一系列的"饮食俱乐部"(eating clubs)，这种活动对高年级学生也开放。这种学校活动的功能和其他大学的联谊会类似。

大多数新生和二年级学生在其住宿学院的餐饮处吃饭。大三和大四学生可以在学院、餐饮俱

【学位设置】

研究生教育分哲学博士和专业硕士学位。哲学博士是研究型学位，是普林斯顿大学颁发的最高的学位。在普林斯顿大学，所有的院系都提供能够拿到哲学博士学位的课程，各系联合开设课程授予哲学博士学位。

乐部、学生粮食合作社、犹太人生活的集中地和其他地点吃饭。研究生聚集在研究生院吃饭或在公寓与其家人一起吃。教职工还有机会去展望楼就餐，那是提供休闲和全方位服务的餐厅。

学生、教师和工作人员经常会聚在校园内的几个地点聚餐和吃小吃，包括弗里德校园中心，伍德罗·威尔逊咖啡馆等。

1869年，普林斯顿大学和罗格斯大学的校队之间进行了历史上第一场各个校队之间的橄榄球比赛，普林斯顿大学队以4比6败北。普林斯顿大学与耶鲁大学之间，自1873年以来的对抗是美国历史上第二悠久的。近年来，普林斯顿大学在男子篮球、男女长曲棍球(Lacrosse)以及女子赛艇等项目上取得了长足的进步。

年度活动

普林斯顿大学每年都会举行很多活动来庆祝重要的具有里程碑意义的事件，并且这也为社团添加了独特的魅力和韵味。

每年秋季的开放式训练，在大学教堂进行宗教服务，这些活动传统上标志着新学年的开始。纵观全年，和马丁·路德·金说的一样，国际音乐节和社区庆祝活动等活动将校园学生和社区生活连接在一起。

学年结束活动有聚会，校友和他们的家人参加约2万人的毕业典礼。在拿苏楼大厅前面的草坪上，每年都会有本科和研究生学位授予的盛况和场景。

辩论小组

来自普林斯顿大学的American Whig-Cliosophic辩论队是世界上最好的之一。这个辩论队是美国议会辩论协会(APDA)的成员之一，也曾经主办过世界大学辩论比赛(World Universities Debating Championships)。

普林斯顿大学辩论小组，又称作PDP,是美国内的首批大学生辩论社团之一。一年中,PDP每周都会参加由美国议会辩论协会(APDA)批准的全国范围内的辩论比赛。普林斯顿大学也是协会的创始成员之一。

【学位设置】

普林斯顿大学专业硕士学位分8个常规学位和1个特殊学位。这8个专业学位分别是:建筑学硕士,工程学硕士，金融学硕士，工程科学硕士,理学硕士,公共事务硕士,公共政策硕士，公共事务与城市区域规划硕士。

自1983年APDA成立以来,普林斯顿大学成功的历史已无可匹敌。普林斯顿大学队由两个队员组成,7次赢得了年度最佳团队(TOTY)奖,最近一次是在2009年。

该小组还每年举办两场辩论比赛：高中辩论赛和阿德莱史蒂文森年国会辩论及朗诵赛——这是每年最大和最负盛名的赛事之一。在1995年,普林斯顿大学举办了为期一周的有250支参赛队伍的第十五届世界辩论赛——这是历史上规模最大和最国际化的议会辩论赛。来自25个国家的参赛队参加,《纽约时报》和其他主要媒体对事件进行了报道。

小组还参加辉格克里欧校园参议院辩论、传统的对阵哈佛和耶鲁的三角辩论赛。此外,由伍德罗·威尔逊辩论学会主办的校园奖辩论赢家大部分来自该小组。来自普林斯顿大学的辩论队是美国议会辩论协会的成员之一，曾经主办过世界

大学辩论比赛。

1896年,学校正式改名为普林斯顿大学。1902年,伍德罗·威尔逊(后成为美国总统)就任校长,开始了一系列重大的改革,开设荣誉课程、实行导修制。第二次世界大战以后,以本科生教育质量著称的普林斯顿大学发展迅猛,到20世纪70年代末已跻身全美最好的研究性大学之列。

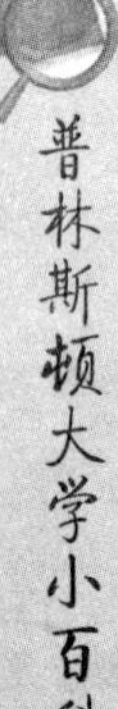

普林斯顿大学(Princeton University)是2000年9月《美国新闻与世界报道》周刊排出的2001年度美国最优国家级大学的第一名(1999年排出的2000年度第四名;1998年排出的并列第一名;1997年排出的第一名;1996年、1995年排出的第二名),是该杂志今年最好价值大学排序中的第五名,是美国有名的常春藤盟校之一。

第二课 普林斯顿大学的创建及发展

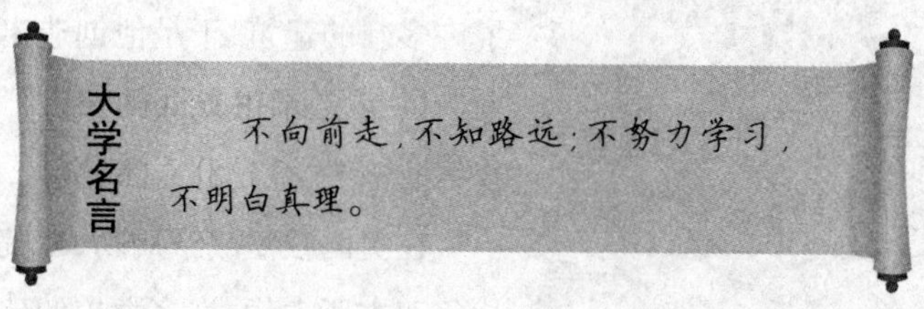

创建时期

普林斯顿大学始建于1746年，当时几位长老会牧师对哈佛和耶鲁在北美启蒙运动中所采取的立场不满，决定另起炉灶，新成立的这所院校就叫作“新泽西学院”(有人提出以当时的州长乔纳森·贝尔切命名，但被否决)，第一任校长为乔纳森·迪肯逊。起初校址选在新泽西州的伊丽莎白镇，一年后迁往纽瓦克，新泽西学院第二任校长是老阿伦·布尔，第三任是乔纳森·爱德华兹。1756年，新泽西学院又迁到了普林斯顿。

当时的学校规模很小，只

只有一幢名叫"纳索堂"(又译"拿苏楼",Nassau Hall)的建筑。从1756年的迁址到1803年Stanhope Hall建成，整个学院唯一的建筑便是拿苏楼(Nassau Hall),是以英王威廉三世的橙色拿苏王室命名的。以后，美国独立宣言的签署者之一John Witherspoon,曾担任普林斯顿大学的前身——新泽西学院的第六任校长,在他25年的任期中,围绕着Nassau Hall 建起了许多新的建筑,于是他创造出了一个全新的英文词"Campus(校园)"来描述普林斯顿大学校园。

在美国独立战争期间,学院曾经被战争双方所占领,许多学校的建筑及设施都大规模被损坏。1777年1月进行的普林斯顿战役被证明是对于乔治·华盛顿将军以及他的士兵来说关键的一战。两个普林斯顿人参与签署了独立宣言。在1783年夏,大陆会议在拿苏楼举行了会议,会议决定普林斯顿为国家首都。普林斯顿的首都位置持续了四个月。

在独立战争中，华盛顿将军为从英国侵略者手中将其夺回,向Nassau Hall发射了猛烈的炮火，而饱受蹂躏的Nassau Hall奇迹般地存活下来;1802年和1855年的两次大火又将Nassau Hall仅存的残壁烧毁。之后由约瑟夫·亨利·拉特罗布 (Joseph Henry Latrobe)、约翰·诺特曼(John Notman)以及约翰·威瑟斯普恩(John Witherspoon)参与了Nassau Hall的重建,与先前的罗伯特·史密斯(Robert Smith)设计的原作相比,新建的建筑有了很多改进,也宽敞了很多。几个世纪以来,Nassau Hall的角色从多功能建筑、办公楼、宿舍、图书馆,到专用的教室,一直演变到今天的行政大楼。

改革发展时期

普林斯顿神学院于1812年从普林斯顿大学分离，因为长老们希望能有更多的神学培训，而教师与学生们希望的恰恰相反。此举减少了学生数量，也在一段时间内减少了来自外界的支持。大学和神学院目前由于共同的历史和共享的资源而有着非常愉快的合作。

普林斯顿大学在詹姆斯·麦考士在1868年成为校长之后变得停滞不前。在他作为校长的二十年间，课程被无谓地检查，科学课程的扩展被限制。麦考士还监督了一系列哥特复兴风格建筑的兴建。1896年，为了表示对所在地的尊敬，新泽西学院正式改名为普林斯顿大学。同年，学院也进行了大规模的扩建，也正式变了成一所大学。

1902年，伍德罗·威尔逊(后成为美国总统)就任校长，在他任校长期间，普林斯顿大学开始了一系列重大的改革，开设荣誉课程、实行导师制。普林斯顿大学于1905年新增了一个叫作“导修课”(“preceptorial”)讨论研究课程。这个在当时很特别的概念以一个更个人化的小组学生与教师讨论的方法替代了原有的大教室课程。

1930年，并不附属于普林斯顿大学的高等研究院在普林斯顿成立，也是全国第一所给学者研究的住宿学院。著名的相对论提出者爱因斯坦是研究院第一批教授之一，并于此任教并从事高等研究。可以说，整个20世纪就是一个学者、研究员和企业从世界各地流入普林斯顿的过程。

在八所常春藤盟校中，普林斯顿大学的学生人数并不算多。目前在校学生人数约6610人，其中本科生约4700人，研究生大约1900人。学校的学生来自全美所有50个州和55个其他国家，其中海外学生占全部学生的5%，他们主要来自加拿大、中国、新加坡、

【学位设置】

普林斯顿大学的一个特殊硕士学位是M.A，只有那些研究近东事务（in Near Eastern studies）的学生可以登记申请文学硕士学位(M.A)。在所有领域研究，文学硕士学位则作为破例授予的。各系自己制定授予文学硕士学位的标准要求。

英国和德国。

第二次世界大战以后，以本科生教育质量著称的普林斯顿大学发展迅猛，到70年代末已跻身全美最好的研究性大学之列。

1945年普林斯顿大学开始招收第一个黑人本科学生。1969年，普林斯顿大学开始录取女性本科学生。在这年4月，当普林斯顿大学发出录取通知书时，这些计划尚未完全实现。普林斯顿大学的5年男女同校计划拨款780万美元，计划在1974年吸收650名女生。最后，148名女生，包括100名一年级女新生和一些其他年级的女生，在1969年9月6日媒体的关注和审视中进入了普林斯顿大学的校园。

今日风采

自建校至今，普林斯顿大学始终坚持以“学术”为生命，以“质量”为根本。这使得普林斯顿大学一直享有极高的学术声誉并拥有全美最高质量的本科生教育和高水平的研究生(特别是博士生)教育。普林斯顿大学的校训是“普林斯顿——为国家服务，为世界服务”，在这样的使命导引下，

普林斯顿大学以其严谨的治学、一丝不苟的学风始终占据学术前沿地位，并培育了多个领域的精英，对美国社会乃至世界文明做出了卓越的贡献。至今，从普林斯顿大学走出了2位美国总统和44位州长，1000多名普林斯顿大学毕业生先后担任过美国国会参众两院议员、联邦政府及州政府的高级官员。普林斯顿大学也由此赢得了“美国政治家的摇篮”的赞誉。20世纪最伟大的科学家爱因斯坦在这里度过了他生命的最后22年，33位诺贝尔奖得主出自普林斯顿大学，15位教授获得过国家科学奖章，普林斯顿大学的教授获得过菲尔兹奖的人数居世界第一。现今在校任职的教授中就有9位诺贝尔奖获得者，22位麦克阿瑟学者奖获得者。这些无疑为普林斯顿大学的发展注入了重量级的资本。

普林斯顿大学小百科

普林斯顿大学位于新泽西州的普林斯顿市，这座以大学为主体的小镇四周是一片片乡村田园，远没有哈佛大学和麻省理工学院所在的波士顿繁华热闹，但这里却是不少美国优秀学生梦寐以求的求学之所。普林斯顿大学从 2001 至 2008 年，都被《美国新闻与世界报道》评为全国第一名。

第三课　环境幽雅的大学城

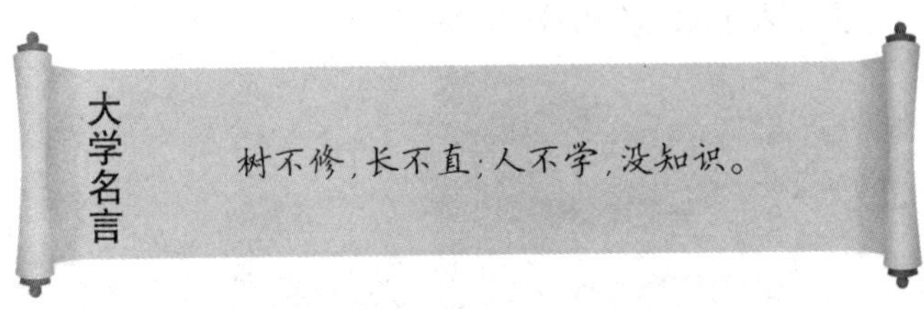

普林斯顿大学的校园，被认为是全美最美丽的校园之一。原因之一就在于这所学校的建筑精妙绝伦、富于变化而又忠实体现了各种建筑风格，在于这些风格各异的建筑能够在历史的长河之中轻松和谐地发展，还在于其相似或相反的风格都兼收并蓄，融为一体。

普林斯顿大学是举世公认的著名大学，它位于美国新泽西州的普林斯顿镇，这座以大学为主体的小镇四周是一片片乡村田园，到处绿草如茵，洋溢着一派和平、生机勃勃的气氛。这里虽然没有哈佛大学和麻省

理工学院所在的波士顿繁华热闹，但却是不少美国学生梦寐以求的求学之所。

整个校园以哥特式建筑为主,风景优美。校园内建有许多新哥特式的长廊和灯笼,廊上爬满了常春藤,显得古色古香十分幽静。

这种历史传承与现代创新的风格,更一览无遗地展现在2.4平方公里的校园建筑中。举凡哥特式的校舍、殖民风格的英式建筑或者是当代名家的结构设计,皆是访者驻足的焦点,而使校园宛如一座活生生的建筑博物馆。参访之际亦不难寻到名中国建筑师贝聿铭先生精心设计的作品(Spelman Hall)。

普林斯顿大学的校址方圆2.4平方公里。校内有很多歌特复兴风格的建筑，大多数都是19世纪末20世纪初修建的。拿苏楼是校内的行政楼,建于1756年,曾在1783年间短暂地被作为国会大厦使用。校园内一些现代的新建筑有一些是罗伯特·文丘里、德米特里·波菲里奥斯(Demetri Porphyrios)和弗兰克·格里设计的。校内还有很多雕塑,包括亨利·摩尔(例如它的"椭圆上的斑点",被戏称为"尼克松的鼻子")、克莱门特·米德穆尔(Clement Meadmoore)和亚历山大·考尔德(Alexander Calder)的作品。校园的中间是自1830年左右修建的特拉华州隧道和可以划船的卡内基湖。

在普林斯顿大学中最古老、最有名气的建筑当是拿苏楼。它有名并非是其年久,而是因为它见证了美国历史上一连串的政治事件,比如说它是新泽西州的第一个立法机构所在地,是普林斯顿战役的指挥机关，它甚至做过联邦的国会大厦。后来它做过办公楼、宿舍、图书馆、教室,现在它是普林斯顿大学的行政大楼。

拿苏楼对面的草坪外面的另一边是校门。传说学生在校

【学位设置】

任何院系和课程都能够授予博士学位，其实博士学位的研究主要集中在下面交叉学科中:非洲研究、非裔美国人研究、古代社会、古典考古学、古典哲学、认知研究、东亚研究、环境工程与水资源、希腊语研究、科学史、意大利语研究、拉丁美洲研究等。

期间只能两次过这个校门：一次是入学，一次是毕业，不然就毕不了业。

普林斯顿的校址占地2.4平方公里，共有180幢建筑。这些建筑采用了哥特式的圆顶尖塔和古希腊式回廊列柱样式的设计，尖塔高高的轩昂，券穹美美得精巧，列柱圆圆的浑厚，多数的墙体用块石砌就或用片石饰面，使整个的校园建筑显示出一种古老、严肃、深沉、凝重的文化氛围和历史气息。

拿苏楼(NassauHall)是校园中最古老的也是仅存的原始建筑，是殖民时代最大的学术建筑，曾在1783年间短暂地被作为国会大厦使用，楼体用当地的砂岩建造，该建筑经受了两次火灾和独立战争时期的炮弹，并服务了超过250多届的普大学生。作为国家和学校的历史标志，拿苏楼现在是校长和其他大学高层管理人员的办公室所在地。

亚历山大楼(Alexander Hall)的理查森礼堂(RichardsonAuditorium)是校园内重要的演出场所。除了著名的演说者和表演者之外，音乐系的学生乐队和其他的学生团体也在这里表演。

【本科研究课程】

非洲研究、非裔美国人研究、美洲研究、计算应用、应用与计算机数学、建筑与工程、生物物理学、当代欧洲政治与社会、创作与写作、工程与管理系统、工程生物学等。

曾经在这里发表过讲话的来宾包括：克林·鲍威尔、比尔·克林顿、比尔·盖茨、康多莉扎·赖斯、希拉里·克林顿、莎拉·席尔曼和科菲·安南等，走近看看外墙壁上的雕塑吧，耶稣和他的12个门徒。

亚历山大楼于1892年开工建设，两年

后竣工。起初，该楼主要用于讲演、群众性集会以及各种大型活动，比如，建校150周年庆典和伍德罗·威尔逊担任校长的典礼这座楼被用作开学典礼和毕业的场所达30年之久。1922年的毕业典礼，由于人数太多，不得不改在拿苏楼前举行。1920年，该校马奎德教堂被焚毁，亚历山大楼被用作宗教场所，直到1928年新的大学教堂完工为止。

【本科研究课程】

欧洲文化研究、金融学、地质工程、希腊语研究、犹太人研究、语言与文化、拉丁美洲研究、语言学、原材料科学与工程、中世纪研究、音乐演奏、近东研究、神经系统科学、机器人与认知系统。

在1984至1985年间，亚历山大楼被重新翻修。1966年毕业的校友戴维·A.理查森为纪念1980年去世的父亲戴维·B.理查森(他是1933年毕业的校友，也是一位成功的律师和投资者以及古典音乐的爱好者)，将该楼内礼堂命名为理查森礼堂。这个礼堂被改建为拥有891个座位的音乐厅。

麦克克什楼(McCosh Hall)是普林斯顿大学主要教学楼中的一栋。它由几个大型演讲厅和许多教室组成。这些教室还经常被用来作为期中和期末考试的考场。

普林斯顿大学是全世界最富有的大学之一，迄今为止已经收到了上

百亿美元来自校友的源源不断的捐款。普林斯顿校友捐赠率全美排名第一，高达61%。普林斯顿将不少钱花到了为学校美术博物馆购买藏品上，包括莫奈、安迪·沃霍尔以及其他名画家的作品。

东派恩楼，仍旧是古典的风格，好似一个中空的四方院子，墙壁的雕塑很精美，窗子上还镶着彩绘玻璃。穿过拱门，墙壁上有纪念某届校友捐赠维护的刻字，校友们很慷慨支援学校的维护和学术研究啊！

普林斯顿大学的教堂，也是全美大学教堂中第三大的，它每周有不同的礼拜活动，也是普林斯顿大学举行典礼活动的地方，普大人也喜欢在这里办婚礼。最早建造教堂的是基督教长老会的牧师，在宗教改革时期所创，如今普大本身已没有宗教所属。

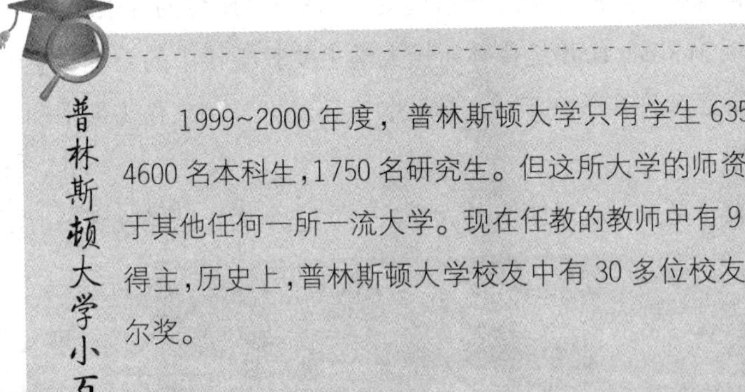

普林斯顿大学小百科

1999~2000 年度，普林斯顿大学只有学生 6350 名，其中 4600 名本科生，1750 名研究生。但这所大学的师资实力却不亚于其他任何一所一流大学。现在任教的教师中有 9 位诺贝尔奖得主，历史上，普林斯顿大学校友中有 30 多位校友获得过诺贝尔奖。

第四课　普林斯顿大学的艺术殿堂

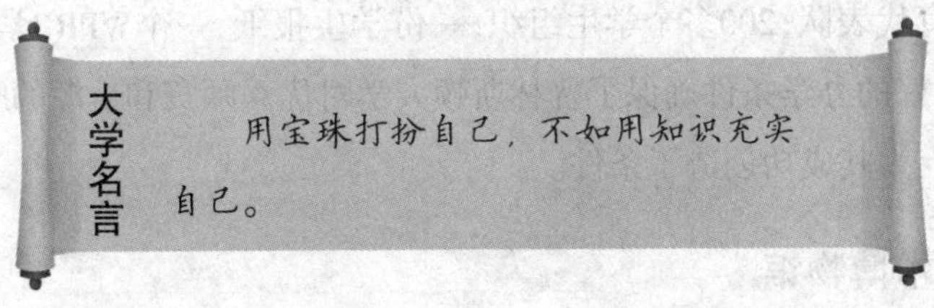

普林斯顿大学是全世界最富有的大学之一，迄今为止已经收到了将近100亿美元，来自校友会的源源不断的捐款和一些投资专家的努力。普林斯顿大学将不少钱花到了为校艺术博物馆购买藏品上，包括莫奈、安迪·沃霍尔以及其他名画家的作品。

良好的办学条件离不开雄厚的资金来源。普林斯顿大学每年7亿美元的经费开支来源于多个渠道。除科研经费外，校友捐赠、专利费、教育基金的运作所带来的高额回报使学校年收入达15亿美元。普林斯顿大学的等离子实验室(PPPL)是美国唯一研究核聚变的国家实验室，在世界等离子技术研究领域处于遥遥领先的地位，自20世纪50年代以来一直得到联邦政府的资助，拥有近400名世界一流的研究人员和近4000万美元的固定经费，预计2040年建成生产能源的核聚变反应堆。

普林斯顿大学还拥有藏书500多万册的图书馆系统，包括主馆哈维·法勒斯通纪念图书馆和16个专业图书馆(包括14个系的收藏)，以及著名的东亚中文图书馆。此外，普林斯顿大学还拥有艺术博物馆，里面收藏了各种远古时期的艺术品以及文艺复兴时期、现代欧洲和美洲的油画与雕塑作品、各种重要的印刷品、绘画和照片。

普林斯顿大学计算机与信息技术部为信息技术的使用和大学学术管理的需要提供支持。普林斯顿大学的校园内有5个戏院、多个戏剧团体；38个体育代表队；200多个学生组织，一份学生报纸，一个WPRB学生无限电台。良好的办学条件确保了普林斯顿大学对优秀师资和生源的吸引力，在客观上为其成功创造了条件。

艺术博物馆

普林斯顿大学是全世界最富有的大学之一。迄今为止，学校已经收到来自校友会和一些投资专家的捐款近100亿美元。学校并没有挥霍这些捐款，而是将物质财富转化成了精神财富——艺术博物馆。

艺术博物馆成立于1882年，是美国首屈一指的大学艺术博物馆。从瓷器、陶器到莫奈、安迪·沃霍尔以及其他名画家的作品，艺术博物馆藏品超过72 000件，汇集自地中海地区、西欧、拉丁美洲，以及中国、美国等国家和地区，全面呈现古代及当代艺术。艺术博物馆设有专门的古希腊、古罗马的文化遗产收藏，包括陶器、大理石、青铜以及罗马的镶嵌工艺收藏。这些文物来自安提阿(Antioch，古叙利亚首都，现土耳其南部城市)，是普林斯顿大学考古研

【教育理念】

普林斯顿大学重视本科生教育，本科生与研究生比例为2.5∶1，这在世界一流大学中是比较独特的。普林斯顿大学的本科生可以从广泛的课程中获益，这些都是世界一流的研究机构。本科生实现了一般的教育要求，在广泛地被选课程中选择有效的课程，选择各系优秀课程和跨系证书的课程。学生要么选择A.B学位要么选择B.S.E学位。

究工作的成果。艺术博物馆还收藏了欧洲中世纪时期的雕塑、金属制品和彩色玻璃，以及从早期文艺复兴到19世纪的部分油画作品，并且正在扩充20世纪以及现代美术作品。中国的青铜器、坟墓雕像、绘画作品、书法作品等也是博物馆的重要收藏对象。

艺术博物馆为普林斯顿大学的学生提供了奢华的艺术盛宴和最为珍贵的历史资源，不仅对学校艺术教学和研究起到了很好的辅助作用，更让全校学生都能够直接和世界级艺术作品接触，这也是建馆的初衷。可以想象，学生们徜徉在精美珍贵的艺术作品中，感受艺术的神奇、文化的瑰丽，好不自在。

燧石图书馆

为何人人都热爱普林斯顿大学的校园？原因之一就在于这所学校的建筑精妙绝伦、富于变化而又忠实体现了各种建筑风格，如乔治式的、托斯卡纳式的、罗斯金哥特式的、学院派哥特式的以及现代派风格的，在于这些风格各异的建筑能够在历史的长河之中轻松和谐地发展，还在于其相似或相反的风格都兼收并蓄、融为一体。

一所大学的核心应该是它的图书馆。在图书馆的扩建上，普林斯顿大学不遗余力，其规模可谓是前无古人、后无来者。燧石图书馆藏书约8 00万册之多，它秉承着这样一种看似悖论的理念：书籍当然应该被精心保护，但更应该被充分利用，如果达不到后者的要求，那么书籍就无异于一堆废纸。

对于殖民时期的美国人来说，书籍的价值丝毫不亚于金钱的价值，甚

【录取招生】

普林斯顿大学的招生口号是“只要你是优秀的，付学费不用顾虑”。2001年学校收到来自100多个国家5000多所中学的学生入学申请14 288份，通知录取了1677人，实际入学1216人。

至有过之而无不及。书本中的智慧是可以穿越时空的——但书本自身却没有这样的魔力。普林斯顿大学的图书起初都储藏在拿苏大楼之内，但拿苏大楼不断地发生火灾，不少珍贵的书籍就此毁于一旦。实际上，火灾并不是唯一的威胁；还有来自校方管理政策上的失误。由于这些图书十分珍贵，普林斯顿大学规定每周只对外开放1个小时，学生只有在这段极为有限的时间内才可以一饱眼福。

当然，在那里藏书也是一大问题。普林斯顿神学院早在1843年就建造了第一座独立的图书馆，与此不同，这所学校一直到内战以后还是没有专门藏书的地方。图书馆设备的匮乏以及图书资源的稀缺让詹姆斯·麦科什大吃一惊，时值1868年，他从苏格兰来到美国，刚刚被任命为普林斯顿大学的校长。当时，图书馆只有不足14 000本藏书。学生中的两大阵营辉格和克利奥向普林斯顿大学提供了它们各自的图书馆，在一定程度上缓解了这些问题。

麦科什的努力很快有了成效。他不仅扩大了图书馆的规模，还改革了其借阅的若干规则，让原本死气沉沉的图书馆变得生机勃勃，在普林斯顿大学掀起了一股引进新书的热潮。与此同时，麦科什还修订了借阅图书的相关规定，延长了对外开放的时间。他的这些努力点燃了学生读书的激情，其求知的渴望几乎到了失去控制的程度。出于造福后代的目的，普林斯顿大学先后兴建了钱塞勒·格林图书馆和派恩图书馆，二者都受到学生的热烈欢迎。到了20世纪20年代末期，图书馆的扩建问题再次被提上日程。

【录取招生】

普林斯顿大学录取时不仅看分数和成绩，而且更要尽量判断每个人的能力和潜质，考虑学术和非学术兴趣的多样化，特别是技能和天分、经验、背景和追求。招生没有任何配额，不考虑申请者来自什么地区，什么中学。这种选拔制度较好地克服了应试教育和学生高分低能等问题。

1944年，哈罗德·多兹校长召集了一批图书管理员、图书咨询员以及年轻的建筑设计师罗伯特·B.欧康纳和沃尔特·H.基勒姆（他们二人的公司于1943年在纽约成立）。学校为兴建图书馆专门成立了“图书馆修建计划合作委员会”，校方不仅准备竭力满足师生们日益增长的求知渴望，还打算建造出一座具有里程碑意义的现代图书馆。新建的图书馆将会成为“实验工作室”，不再单纯是藏书的场所，学生也无须再排队等候借书。而且，为了防止图书受到紫外线的伤害，校方还将把书库修建在地下。亨利燧石图书馆于是应运而生了。

新图书馆沿着拿苏大街的下坡修建，这样就不会影响到旁边的大学教堂。人们从大楼的南部进入，便进入到一个看似位于一楼的房间，但实际上，这座大楼有六层之高，而这个房间是它的第三层。大楼上面的三层由粗糙的暗黄色石灰石、片岩和花岗岩制成，与附近的大学教堂和麦科什大楼相映成趣。大楼下面的三层则由混凝土制成。

左侧入口旁光线充足的复式房间吸取了国会图书馆的经验，并在此基础上有所改良（大堂里有一尊名为《白日》的雕塑，是野口勇于1966年雕刻的）。右侧的展厅里存有18世纪的图书，这是当初新泽西学院的图书馆流传下来的。那时极为有限的藏书与如今丰富的图书资源形成了鲜明的对比，让人们切身体会到了知识爆炸的力量。此外，电梯和楼梯还将人们带到了地下的空间，那里拥有大量的书籍可供读者自由借阅，而且书库旁还设有阅览室。总而言之，这样的安排灵活机动，有了这些实用的设施，普林斯顿大学就能够根据时代的需要对图书馆的运作随时作出调整。

如果说新颖活泼的设计点亮了图书馆的内部空间，那么其外部空间呈现的则是相对保守的风格。图书馆沿着拿苏大街的下坡而建，北面的尽

头处是一面低矮的围墙，从墙内透过窗户就可以欣赏到外面的风景。围墙与拿苏大街之间20英尺（约6.096米）宽的区域被设计成了一座供休闲之用的公园，游客可以在这条榆树掩映的路旁休憩片刻。图书馆外部选用的建材和色彩与其内部的设计相得益彰。屋顶被打造成了一小片绿地。图书馆西侧的草坪与拿苏大街之间矗立着一尊钢制雕塑叫《气氛与环境》，它是美国艺术家路易丝·内韦尔森的作品。东北角有一座半圆形的梯形塔楼，塔楼顶层的玻璃屋面将阳光折射到图书馆的内部，它同时还是校园中心的标志。

图书馆的西北角坐落着颇为惹眼的霍德大楼：它设计大胆，仿佛在向外界彰显着自身的不凡。那么，相对低调的图书馆究竟是刻意为之还是不得已而为之呢？它想要传达给世人的信息似乎是这样的："如果你出言不逊，不如干脆闭上嘴巴。"

然而，从另一个角度来说，燧石图书馆也不失为一幢充满创新色彩的大楼。我们看到的只是它最新的进展，并非其发展的终点。图书馆也许是普林斯顿大学所有的校园建筑中最具挑战性的大楼，这就意味着它

不得不去面对人们挑剔的眼光。如果它有败笔之处，必然会遭到来自各方的同声指责。

美术博物馆

普林斯顿大学的美术博物馆，其建立的目的是给予学生直接、亲密、长期的对世界级美术作品的接触和熏陶，也可以对学校美术系的教学和研究做到补充的效果，这也是美术博物馆长期以来的首要功能。

美术博物馆大约有六万件藏品，从古代到现代的艺术品都有收集，并主要集中于地中海、西欧、中国、美国和拉丁美洲的作品。博物馆有专门的古希腊、古罗马的文化遗产收藏，包括陶器、大理石、青铜，以及罗马的镶嵌工艺收藏。这些文物来自普林斯顿大学在安提阿（古叙利亚首都，现土耳其南部城市）的考古挖掘工作。博物馆还收藏了一些中世纪欧洲的雕塑、金属制品和彩色玻璃。西欧的油画收藏包括了从早期文艺复兴一直到19世纪，20世纪以及现代美术作品的收藏还在扩展之中。

中国美术作品是博物馆的重要收藏之一，包括重要的青铜、坟墓雕像、绘画作品，以及书法；博物馆还有前哥伦布时期美术，包括来自玛雅文明的美术作品。美术博物馆收藏了很多大师印记和绘画作品，还有一个广泛的独创摄影作品收藏。

普林斯顿大学艺术博物馆宣布，T. 巴顿瑟伯 (T.Barton Thurber) 将于2012年12月3日担任藏品展览馆的第一任副馆长。他将负责博物馆收藏活动的战略实施，以及博物馆临时展览的伟大计划；同时，还将负责监督10名策展人、校园收藏品经理和登记与收藏品管理团队的工作，以及展览服务、艺术品处理和保护工作。

在过去的14年间，瑟伯是最后一任达特茅斯学院 (Dartmouth College) 胡德艺术博物馆欧洲艺术

【课程设置】

普林斯顿大学开设本科课程1300多门，还有很多授证书的技能课程。学生入学后可选修各种课程，要到第4学期才选定系和专业。学校重视文理交叉。文理工科头两年都必修《认识论和认知科学》《伦理思想和道德价值观》《历史分析》《文学艺术》和《社会分析》。

馆的馆长。他毕业于罗德岛设计学院(Rhode Island School of Design)并获得美术学士和建筑学士学位,此后在意大利威尼斯建筑大学攻读研究生学位,并获得哈佛大学艺术史博士学位。

在进入达特茅斯之前,瑟伯在视觉艺术高级研究中心担任研究助理并在国家美术馆版画、素描和摄影部担任研究员。他曾任教于哈佛大学、马里兰大学、乔治华盛顿大学和乔治梅森大学。瑟伯最擅长的领域是意大利文艺复兴时期的艺术。

该校拥有各种学生社团300个。普林斯顿大学是美国全国大学生体育协会的一级成员,男女大学生参加38个体育项目的比赛,有35个体育俱乐部运动队。近来,普林斯顿大学在男子篮球、男女长曲棍球以及女子赛艇项目上取得了长足的进步。校园内热衷于体育锻炼的人很多,一半以上的本科生参加学院间的体育比赛。普林斯顿大学的治安状况非常好,校园内几乎连抢劫案都不发生。

在普林斯顿大学校园内有很多建筑和雕塑名家的作品,包括贝聿铭、文丘里、摩尔,甚至还有颇不安静的弗兰克·盖里,是个学习建筑艺术的好地方。

菲兹兰道夫门

这扇门的故事非常有趣。它在1905年建成,位于校园最主要的大楼前,面对普林斯顿大学历史最悠久的拿苏街,是校门的正门。其后的60年中,它大部分时间都关闭着,只有在重要人物来访和每年毕业班离开大学是才被打开。

到了动荡不定的20世纪60年代,普林斯顿大学校门的关闭引起了许

多学生的抗议。1970年的毕业班集体请求校委会将这道门永远打开，以象征普林斯顿大学拒绝将自己关闭在学术的象牙塔中，而是把自己的校门对外面的世界永远开放。校委会采纳了他们的请求。

但这之后不久，又一个传统在普林斯顿大学形成：每年的新生都列队走入这扇门，加入普林斯顿大学这个集体；而每年的毕业生们都会列队走出大门，象征着他们离开了学校走向社会。但据说在入学到毕业的四年中间，任何走过这扇门的学生都会毕不了业。尽管人人都知道这只是一种迷信，但绝大多数普林斯顿大学学生还是“宁可信其有”，在四年中不迈过菲兹兰道夫大门一步。

普林斯顿大学小百科

普林斯顿大学是常春藤盟校中学生数量较少的学校之一，与美国其他拥有上万名在校学生的名牌大学相比，可以说是一所典型的“袖珍大学”。校园的面积，只有哈佛的1/3，学生总人数大约为哈佛学生总人数的1/3。在学术上，在办学方针上，普林斯顿大学坚持自身的优势和特点——基础研究，从不贪大求全，而讲究精益求精。

第五课　普林斯顿大学名人榜——美国总统詹姆斯·麦迪逊

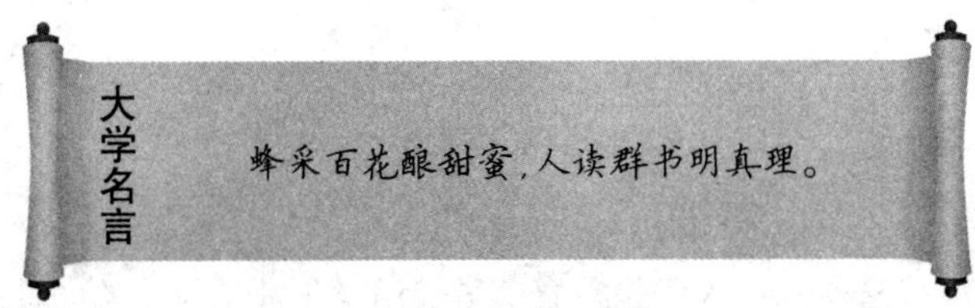

詹姆斯·麦迪逊(1751—1836)，美国第四任总统。他担任总统期间曾领导进行第二次美英战争，保卫了美国的共和制度，为美国赢得彻底独立建立了功绩。他在1776年参加弗吉尼亚宪法的制定，在大陆的国会提供，并且是弗吉尼亚会议的一位领导人。他还是出席大陆会议的代表，是制宪会议的主要人物、北部联邦党人文件的起草人之一、众议院议员、民主共和党的组织者。

麦迪逊出身于南方大种植园主家庭。少年好学，青年时期即投身于独立战争。曾担任州众议员(1776)、州参议员(1784—1786)、大陆会议代表(1780—1783)、联邦众议员(1789—1797)和国务卿(1801—1809)。毕业于新泽西学院(后改名为普林斯顿大学)，是革命的活跃分子，但是身体太弱，没

【课程设置】

普林斯顿大学本科生除了要修读30科以上才能毕业外，还有第三年的写作和第四年的论文，并有写作训练和外语测试。

有资格参军。他学习历史和政府的课程，法律读得很好。他是最后一位去世的美国开国之父。

年轻时，麦迪逊差点失去自制力。他在1774年(那年他23岁)写给威廉·布拉福德的信中说："我既没有耐心去听，去交谈，也没有耐心去想想与之有关的事。因为我如此长时间地，如此缺乏目的地与人争论，指责和嘲骂他人，以致我连基本的耐心都没有。"麦迪逊因为弗吉尼亚的圣公会对施洗传教士的监禁作出了强烈的反应。他对秩序的感觉被英国圣公会教徒的放荡和懒惰所冒犯。他认为这些教士傲慢、无知而且流氓成性。麦迪逊将这些教士与他在普林斯顿遇到的长老教会成员相比，发现后者真诚、积极，让他敬佩。

麦迪逊离开弗吉尼亚去求学的理由是，这里的学校——威廉和玛丽学院此时由不称职的圣公会教徒管理。在麦迪逊该校上学时，曾经在这一学院任教，对杰斐逊和威廉·斯摩曾经很有帮助的教师已经离开。这所学校后来在杰斐逊当政时又复兴过，不过那是很久以后的事了。当16岁的麦迪孙在国王和王后县完成了由受尊敬的苏格兰牧师唐纳德·罗伯孙执教的5年学业后，他的父亲将他带回了奥兰治县，让他在那里待了两年。麦迪逊已经到了该进入大学的年龄了，但是，父亲给他请了一名家庭教师，仍然让他待在家里，以便随时观察他的健康状况。麦迪逊的家庭教师托马斯·马丁刚从普林斯顿大学毕业不久，他推荐他的这个学生去自己的母校完成学业。这对于麦迪逊本人和他将要服务的国家都是一件意义重大的事。来自苏格兰的约翰·威斯布恩当时刚担任学校校长职务。维斯布恩给他的学生提供了最新的来自苏格兰的富有启迪性的课程。麦迪逊对威斯布恩的尊敬不亚于对他父亲的尊敬，麦迪逊一直称呼他为"博士"。由于麦迪逊在家里接受的教育，他在两年之内就完成了普林斯

【学习环境】

普林斯顿大学为所有的本科生提供住校条件，大一、大二必须住校园内，类似英国的学院制。每个学院有餐厅、活动室、计算机房、管理人员和指导教师。学校要求教师与大三、大四的学生保持密切接触，要求学生志愿为公众服务。

顿的常规课程。之后，麦迪逊又在那里多留了一年，私下跟随威斯布恩继续学习。威斯布恩后来让麦迪逊带着雄心勃勃的读书计划回到弗吉尼亚。麦迪逊进入闭门读书的时期，这延迟了他的事业选择，直到革命的爆发，才将他从书斋当中拉了出来。

麦迪逊连任两届总统，时间是从1809年3月4日至1817年3月4日。他担任总统期间曾领导进行第二次美英战争，保卫了美国的共和制度，为美国赢得彻底独立建立了功绩。在麦迪逊任职的第一年，禁止美国与英国和法国进行交易；然后在1810年5月，审定的国会进行两个交易，指导总统，如果两者中任何一个将接受美国的中立的权利的意见，禁止与其他国家进行交易。

在1810年后期，麦迪逊与英国宣布非交往。在国会包括亨利·克莱和约翰·卡尔霍恩的年轻的一组，“好战分子”，为一个更好斗的政策敦促总统。英国强迫美国海员的服役和货物的扣押使麦迪逊不得不对压力让步。在1812年6月1日，他向国会宣战。这八年是令人灰心和充满困难的八年，美国在许多事情上都很不顺利。这时，英美关系恶化，1812年美国对英宣战，但由于美国没有做好准备，战况不佳。最后由于安德鲁·杰克逊将军在新奥尔良取得的巨大胜利，才确保了美国人在这次战争中获得胜利。

詹姆斯·麦迪逊是美国“国父群”中的一位，他主张建立强而有力的中央政府，并且全盘修改邦联条款，是一位联邦主义者。宪法公布后联邦主义者为了克服反对势力，以致部分反对的州批准宪法，故麦迪逊等《联邦主义拥护者》为思想，一直贯穿美国的政治思想和宪政思想，该论文集的主要谈论为外部制约限制的民主、权利的分立，对宗教控制等辩论均充满洛克、孟德斯鸠的自由学说。其对民主的见解被后世喻为“麦迪逊民主”，而麦迪逊民主的特点：1.如果不受外部制约，任何既定的个人或群体都将

对他人施加暴政。2.所有权利聚集到同一些人手中，即意味外部制约的消除。3.如果不受外部制约限制，少数人将对多数人施加暴政。4.如果不受外部制约限制，多数人将对少数人施加暴政。5.对于非暴政共和的存在，至少有以下两种必要条件。6.避免所有权力集中在同一些人手中，无论是一人、少数人抑或多数人，以及无论是以世袭、自封还是选举。7.必须对宗教加以控制，抑制其无以采取不利之行动而损及公民利益，抑或损害社区的持久和凝聚的利益。8.经常的普选将不会提供一种足以阻止暴政的外部制约。9.如果要控制宗教以避暴政，那么必须通过控制宗教的后果来实现。10.如果一个宗教由不足多数人组成，那么可实施立法机构中关于投票的共和原则来控制，换句话说多数人可以否决少数人。11.如果选民在利益是众多的、广泛的和多样的利益，那么多数人的宗教的发展就能受限。12.如果选民在某种程度有众多的、广泛的和多样的利益，那么多数人的宗教就不大可能存在，如果有也无法像个统一体那样行动。多元主义的理念可追溯到自由主义的政治哲学，尤其是洛克和孟德斯鸠的观点，不过最早有系统的发展，则是麦迪逊在《联邦主义拥护者》中的论述，其论述是促使美国从邦联走向联邦的关键，麦迪逊最担心的“派系问题”，其认为未受监督的民主统治容易受假借人民的名义，而去谋取个人利益，故麦迪逊相当重视社会利益和团体的多样性，认为民主社会应是能使每个团体均有发言的渠道，以求其社会之稳定性和利益均衡，主要的方式有权力分立、两院制和联邦体制等。

1751年3月16日，詹姆斯·麦迪逊生于弗吉尼亚州康韦港，出身于南方大种植园主家庭。毕业于普林斯顿大学(当时称为新泽西学院)，是革命的活

【办学经费】

对于以本科教育为侧重点的普林斯顿大学来说，每年7亿美元的经费开支不能靠科研经费和学费来支持。该校在集资和教育基金运作方面做得非常成功。

跃分子，但是身体太弱，没有资格参军。他在弗吉尼亚州的奥林奇县长大。这儿距东北方向的杰斐逊的家乡仅几英里远。在普林斯顿大学(当时称为新泽西学院)，他对历史和政治学特别感兴趣。数年之后，他学习法律，以使自己有一个职业，“尽量少依靠奴隶们的劳动”而生活。

1776年他参加制定了弗吉尼亚宪法，在大陆会议中工作，并且是弗吉尼亚州的议会领导人。詹姆斯·麦迪逊担心，在1781年由原有13州所制定的宪法所建立起来的能力很差的政府领导下，弗吉尼亚和美联邦的利益都会受到损害。出于这种担心，他参加了一系列会议，希望通过这些会议制定一种更为强硬的国家商业政策。这些会议所产生的结果，就是在费城召开的立宪大会。詹姆斯·麦迪逊是参加这次会议的弗吉尼亚代表团的一位成员。在筹备期间，詹姆斯·麦迪逊提出一些书面建议，帮助制定了弗吉尼亚的规划，由埃德蒙·伦道夫提交大会。

当代表们在费城开会时，36岁的詹姆斯·麦迪逊常常参加辩论，并在辩论中表现很突出。他的笔记非常详细，为后代人提供了那次最完整的记录。一位代表写道：“……每一个人(指大会代表)似乎都承认他是个了不起的人物。他既是一位学识渊博的政治家，又是一位学者。会议中，在每一个重大问题的处理上，他显然都是带头的。尽管他不是一位雄辩家，但也是一位很受欢迎的、很有口才和使人信服的演说家……对于美国的事务，他了若指掌，并了解联邦政府中任何一个人。”

在后来的年代，当人们称他为“宪法之父”时，麦迪逊郑重地声称，宪法并不是“一个人思想的产物”，而是“集体智慧的成果”。麦迪逊和亚历山大·汉密尔顿、约翰·杰伊一起写了一系列的文章，为宪法的批准作出了重大贡献。这些文章先是登在纽约的几家报纸上，后来于1788年汇集成书出版，名为《联邦主义拥护者》。在弗吉尼亚的批准会议上，麦迪逊的稳重的现实主义论点战胜了反联邦制领袖帕特里克·亨利的华而不实的雄辩术。

众议院议员麦迪逊帮助制定了第一个《税收法》，并帮助起草了《权利典章》。他谴责了汉密尔顿的财经建议，认为那些建议会过多地使财力和权力落到北部的金融家的手中。由于他带头反对汉密尔顿，于是共和党或称杰斐逊党就逐渐发展起来了。

【办学经费】

普林斯顿大学基金投资于股票、债券、风险投资和房地产业。平均年回报率达15.3%。此项收入成为学校经费的主要来源。与此同时收集捐赠也是学校的重点工作。

1801年，杰斐逊成为总统时，他提拔自己的朋友麦迪逊为国务卿。麦迪逊也是他的首席顾问。这样，就是这位原来在外交上缺乏经验的麦迪逊，在法英的长期战争中，花了很大的力气，解决了作为中立国的美国所面临的一些困难问题。麦迪逊对交战双方违反国际中产法夺取美国船只表示抗议。他的这些做法的效果，如同约翰·伦道夫当时所评论的，是好像用“一个先令的小册子掷向八百艘战舰”。政府竭力通过1807年的《禁运法》，强迫交战国尊重美国的中立权。这个《禁运法》使美国所有船只仅在国内航行，以断绝交战国双方所需要的食物。尽管《禁运法》不得人心，但麦迪逊在1808年还是当选为总统。在他就职的前三天，《禁运法》

就废除了。

在他的就职典礼上，麦迪逊总统——一位身材矮小，面容枯槁，仪表一向很一般的人，显得格外疲惫衰老。华盛顿·欧文形容他"只不过像一只干瘪的熟苹果"。麦迪逊面临的是令人灰心和充满困难的八年，在这八年中，美国的许多事都很不顺利。后代人把这些麻烦的事情归咎于白宫，并且认为麦迪逊是位软弱的执政者。

他的传记作者欧文·布兰特，列举了许多事，证明麦迪逊在担任总统期间，掌握住了外交政策，尽力处理好国内外的僵局。他是一位相当得力的总统。虽说他本人缺少吸引力，但他那漂亮的夫人多莉，却以她的热情和欢乐弥补了这个不足之处；她在华盛顿是颇受敬仰的。

在麦迪逊总统执政的第一年里，美国禁止同英国和法国通商。以后，在1810年5月，国会批准了同英、法两国通商，但它向总统指出，假如任何一方愿意接受美方的中立权的意见，美国就禁止同另一方通商。

拿破仑乘机挑起美英之间的争端，他假装同意美国的政策。1810年末，麦迪逊作出反应，宣布不同英国往来。此后，美国与英国的关系逐渐恶化。与此同时，国会中的少壮派，包括亨利·克莱和约翰·C.卡尔霍恩，这些"鹰派"(指主战派)，一再要求总统制定一项更加强硬的政策，以保护边境，把英国人从海上赶走。主要是迫于海运问题——英国人强迫征用美国海员并抢走美国船上的货物——麦迪逊让步了，并于1812年6月1日要求国会宣战。假如当时有迅速地通信设备，战争就可以避免，因为在国会投票的两天前，英国人就停止了他们的掠夺政策。

美国根本就没有作好战斗的准备，而且，国会中来自边疆的议员们善于迅速征服加拿大的预料并未实现。很久以后，麦迪逊告诉历史学家乔治·班克罗夫特说，他"了解当时美国是处在无准备的状态，但是将

【办学经费】

有很多志愿者通过电话、邮件和出访世界各地时找人面谈为学校筹集经费。他们认为捐赠对象主要是校友和家长。通过工作，校友捐款率达到59.4%。学校同时也接受讲席教授、奖学金、楼房设备等形式的专项捐赠。投资回报和捐赠使学校的年收入达到15亿美元。

国旗投向前方是必要的，人民肯定会奋勇向前保护它”。几个月过去了，几乎平安无事。理查德·拉什(美国律师和政治家) 等人对麦迪逊组织武装力量的尝试，在一旁取笑。

拉什在宣战后两天报告说：“他亲自视察了陆军部和海军部的所有办公室，这是一件前所未有的事，他戴着一顶饰有大帽徽的小圆帽，以一个小巧玲珑的司令员的风度到处鼓动。”在陆地和海上，美军都遭受打击，当英军进入华盛顿火烧白宫和国会大厦时，事情已经发展到极糟的地步。但一个月以后，英军对巴尔的摩的进攻遭到了麦克亨利要塞排炮的猛烈还击。这个要塞的排炮现在仍巍然屹立在国家历史圣地的炮台上。还有一面被打碎了的旗子(现在陈列在史密桑宁博物馆中)，这就是当时人质弗朗西斯·斯科特·基在经过25个小时炮击后看到的那面“飒飒飘”的旗帜。

陆军和海军获得的几次胜利，特别是安德鲁·杰克逊将军在新奥尔良取得的巨大胜利，使美国人确信，这次战争获得了光辉的胜利。一个四分五裂的国家所进行的这场不幸的爆发于1812年的战争，激起了民族主义情绪的高涨。反战的、甚至主张分裂的新英格兰联邦主义者，遭到了彻底的批判，以至联邦主义作为一个全国性的政党消失了。1816年，麦迪逊签署了一系列法案，为美国人民确立了一项全国规划，包括保护美国的“弱小工业”的关税政策，允许一家美国新银行开业和加强正规海陆军。

麦迪逊退休期间，在弗吉尼亚的奥林奇县的蒙彼利埃庄园(现为私人财产)，公开反对19世纪30年代具有分裂联邦威胁的州权影响。一件题为“对我的国家的忠告” 的短笺在他1836年6月28日逝于弗吉尼亚州蒙彼利埃后被公之于世，其最后云：“我发自肺腑的忠告和我心灵深处的信念，就

【教学特色】

导修制是普林斯顿大学教学的一项特色，学校大部分基础课程都是在100至150人的大礼堂内上课，但每个星期学生们都参加10至15人的小班，由教授或是助教带领，复习一周来所学的课程，这些由助教或教授带领的讨论，给学生们更大的空间去理解课堂所学的理论。

是要珍惜和维护美利坚合众国，使其永存。”

1776年，麦迪逊参加弗吉尼亚宪法的制定，在大陆的国会提供，并且是弗吉尼亚会议的一位领导人。他还是出席大陆会议的代表，是制宪会议的著名人物、北部联邦党人文件的起草人之一、众议院议员、民主共和党的组织者。麦迪逊和汉密尔顿、约翰·杰伊在宪法诞生后，一起写了一系列的文章，为宪法的批准做出了重大的贡献。麦迪逊是美国杰出的政治哲学家，是美国宪法的奠基人，他与约翰·杰伊及阿历山大·汉密尔顿共同编写《联邦主义拥护者》，被称为美国“宪法之父”，他的人权主张和三权分立学说迄今仍是美国宪法的指导原则。他和杰斐逊共同创建和领导了民主共和党，使美国开始形成了两党政治。

制宪会议在费城召开时，36岁的麦迪逊把频繁和显著的部分加在辩论内。麦迪逊把亚历山大·汉密尔顿，约翰·杰伊和联邦主义者散文的宪法做了较大的对照。在晚些年，他被称为“宪法之父”，在国会，他帮助修改权利法案，制定第一个收人立法。从他的领导当中反对汉密尔顿的金融提议，他感到将过于向北方的金融家给予财富和能力，变成共和党人的发展。当时总统杰斐逊的国务卿。麦迪逊给交战法国和英国抗议他们的美国船被扣押，与国际法律相反。尽管1807年不受欢迎的禁止行动，这没使交战的国家改变他们的方式，但是引起了美国的消沉，麦迪逊在1808年被选举为总统。

詹姆斯·麦迪逊就是这样一位理智领导者，再没有人比这位来自弗吉尼亚的立宪主义者更具有说服力地概括了权力制衡的策略。他清楚地认识到了美国人民正在形成中的需要，而且他的政治经历以及他对政治文献的研读，也使他对人的本性不再抱有任何幻想。他从一种冲突理论的角度，分析了美国的政治形势——民众政府向派系暴政的转变趋势，

其结果必将是造成混乱、动荡和不公平。他考察了派系产生的根本原因，发现它们并非是表面的或暂时性的因素，而是“植根于人的本性之中”。这些力量可能爆发于宗教冲突、政治冲突和领导冲突之中，尤其是爆发于经济冲突之中，但是，“由于人类彼此仇恨的倾向如此强烈，以至于在具有实质意义的原因并不存在的情况下，最细微、最荒谬的分歧也足以煽动人们的敌视的情绪，足以激发出最激烈的冲突”。由于派系分裂倾向如此强盛有力，因此根本不能用诸如“摧毁自由这个派系活动的本质所在”，或者赋予“每个公民同样的选择机会、同样的激情和同样的利益”这样的策略来平复它。这样的想法或是不切实际的，或是比派系活动这一疾病本身的危害更大。

普林斯顿大学小百科

第二次世界大战后，普林斯顿大学一度被称为世界的“数学之都”，迄今仍保持着这一名望。其物理学研究也保持一流的水平。这两大基础学科的优势也渗透到其他院系，例如，在生态学和进化生物学领域，一些普林斯顿大学的研究人员就凭借扎实的数学功底开展理论生物学研究，形成了自己的专业特色，在学术界声名显赫。

第二章　别具一格的教育理念

作为全美著名的一所私立的研究型大学，学校的教育资源实行以本科生教育为重，研究生教育为辅的方针。该大学“小而精”的办学方针有效地确保了本科教育的高质量。1998 年，美国的《美国新闻与世界报道》杂志将普林斯顿大学与哈佛大学的本科教育并列为美国之首。

第一课　浓厚的欧式教育学风

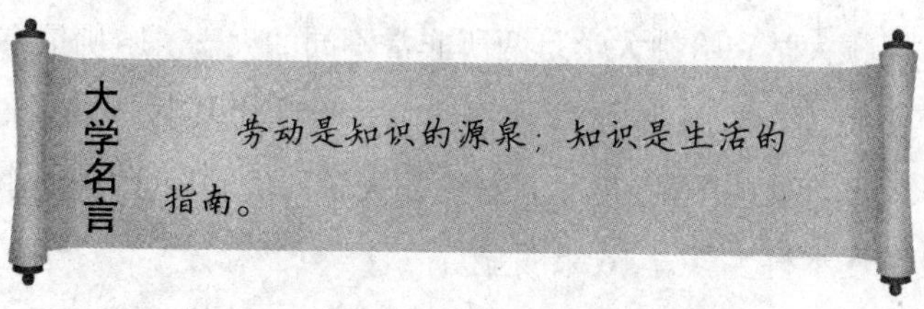

普林斯顿大学初名为新泽西学院(The College of New Jersey)，1746年设立于伊丽莎白(Elizabeth)，是英格兰北美四大学院之一(四大学院按成立先后分别是哈佛、威廉玛利、耶鲁及新泽西学院)。1747年学院迁至新渥克，1756年方迁至普林斯顿，而后于1896年正式将学校更名为普林斯顿大学。

就如同其他英格兰在北美殖民地上的学校一样，普林斯顿大学保有浓厚的欧式教育学风。她强调训练学生具有人文及科学的综合素养，以期通过其特有的教育方式，培养出本州及教会引以为荣的学者。这项传统至

【教学特色】

普林斯顿大学的教育特点是本科生需要做独立研究工作。所有的艺术学士候选人必须完成一个独立的初级报告项目,以及一个高级论文;工程学科学士候选人要完成初步的独立研究工作,而且也要写一高级论文。

今仍是校方强调的重点,但彰显宗教的意味已不复见。因为受到欧洲殖民以及独立战争两段历史的冲击,普林斯顿大学的学风更具传承与创新的双重风格。

作为一所有着260多年历史的名校,普林斯顿大学至今没有自己的法学院、医学院和商学院,但在《美国新闻与世界报道》发布的2002年美国大学综合排行榜上,普林斯顿大学却超过哈佛和耶鲁,位居第一。这和它极富特色的教育理念和教育方法是分不开的。

普林斯顿大学和哈佛大学是两所非常不同的大学。哈佛最有名的是它的研究生院,医学、商业、法律这些学院是哈佛的强项,与之相比,普林斯顿大学就没有这些学院。但是普林斯顿大学的优势在于"规模小",而且学校极其关注本科生教育,效果明显。

学校董事会在思考这个问题,最终觉得普林斯顿大学作为一个学校,必须确保两点:一、最好的本科生教育质量;二、真正的博士。我们真正关心的是我们的实力。

普林斯顿大学治学严谨、一丝不苟的学风,让莘莘学子受益匪浅。在学业方面,普林斯顿大学要求严格,很少变通。学生们不在普林斯顿大学上的课程,除非经过特殊许可,一般不给学分;校方也不鼓励学生们离校去国外留学或去美国别的学校进修。此外,学生们在三年级要在一名教授指导下写"三年级论文",四年级学生还要写作"毕业论文"。

提起世界名校,人们往往喜欢用"高"(研究高深)、"老"(历史悠久)、"大"(规模庞大)、"全"(学科齐全)这四个形容词。但普大从学生人数上似乎可以说是一所"袖珍大学",目前在校本科生约4761名,硕士和博士研究生约2031名。

规模不大,学科不全,恰好是普林斯顿大学的优势所在。现任校长谢莉·蒂尔曼说:"正因为我们不需要什么都做,我们才能够集中所有精力和资源来干两件事情,一是非常严格的本科生教育,二是非常学术化的研究

生教育。我们把这两件事情做到了极致。我们认为,小就是一种美!”

普林斯顿大学没有商学院、法学院、医学院,这三大专业学院可都是社会上最热门的学科,而且能够给学校带来滚滚财源。为什么不设立呢?

蒂尔曼:不设立这三大学院的理由是:一旦设立,会分散我们的精力,干扰我们从事最主要的工作。所以至少在我的任期之内没有这个计划。

普林斯顿大学为师生提供了一个安静环境,他们在这里潜心学问,心无旁骛。学校只希望师生全身心投入学问之中,至于钻研的东西有没有市场价值,从来不去理会。师生们不会因为外界的压力而失去学术操守。在学校内部,普林斯顿大学有着严格的、被称为“荣誉规章”的学术诚信制度。每个进入普大的学生必须写一份认真的书面保证,保证自己所有的书面作业既没有剽窃也没有违犯道德规范。学生负有这条规定的“双向责任”:自己必须绝对遵守,也有向校方举报其他学生违规行为的义务。正是因为“荣誉规章”的存在,在普林斯顿大学的考试中,考场上无人监考,尽管违犯考场纪律会受到严厉的处罚,但这种处罚并不经常发生。同时,学校在教学、管理等方面也十分重视学生的意见,学校董事会中就有4名学生代表。学校为自己的学生骄傲,学生以母校为荣耀,校方与学生相互信

> **【教学特色】**
>
> 普林斯顿大学生活的主要内容是导修，大多数普林斯顿大学的学生也都特别喜欢课堂以外的导修课，这些由助教或教授带领的讨论，给他们一个更大的空间去理解课堂所学的理论。

任的结果，是学校长期稳定的发展。即使在学生运动风起云涌的20世纪60年代，普大校园仍十分平静。重视学生品格的培养，在良好的人文环境和严厉的规章制度中培养学生成为对社会有用人，这是普林斯顿大学的主要特色。

据说普林斯顿大学在为毕业生提供就业机会方面很突出，毕业生的就业率高达94%。

我们的秘密就是普林斯顿大学的声望。如果有雇主看到一封求职信，知道求职者是普大的毕业生，我相信大部分雇主都会想，求职者肯定是一个受过非常良好教育的人。

学校的教育特点是本科生需要做独立研究工作。所有的艺术学士候选人必须完成一个独立的初级报告项目，以及一个高级论文；工程学科硕士候选人要完成初步的独立研究工作，而且也要写一高级论文。

讨论研究课程

按照普林斯顿大学的传统，人类学课程学生可选讨论研究课程或者一周两次的课程，以及一个另外的导修课，是一门讨论研究课程，简称“precept”。虽然大多数的基础课程都是在100到150人的大礼堂内授课，但每个星期学生们都参加10到15人的小班导修课，由教授或助教带领，复习一周以来所学的课程，这些由助教或教授带领的讨论，能给学生们更大的空间去理解课堂所学的理论。这个传统由时任普林斯顿大学校长的伍德罗·威尔逊指定。

普林斯顿大学的特点是宽容大度，着力打造“从容淡定的学术和学习环境”，这里既是师生们安全、舒适的生活家园，又是师生们砥砺学

问、怡情养性的沃土。凡是到过普林斯顿大学的人们都会发现，这所校园以人为本，处处洋溢着一种宽容的气氛，各种信仰的人都能和谐相处。这种不拘泥于意识形态与宗教信仰的广阔胸怀，使普林斯顿大学得以接纳各个领域的奇才怪客、科学狂人。普林斯顿大学的宽容，除了体现在对意识形态的兼收并蓄上，而且还体现在对急功近利思想的摒弃和对人才的管理和应用上。

“荣誉规章”要求

学校非常重视学生品格的培养，并于1893年开始引入“诚信”制度。在这里，学生参与的所有书面考试都在诚信制度下进行，即没有老师监考，全凭学生自觉。这种制度是通过所拟订的遵守诚信誓约，使学生们保证对诚实及每次考试的结果负责。学校管理充分听取学生意见，学校董事会中有4名学生代表，校方与学生相互信任。

普林斯顿大学的学生都必须遵照被称为“荣誉规章”的学术诚信的政策。这项规定需要学生在入学时写一份书面保证，承诺在校期间对所有的书面作业既没有剽窃也没有违反其他道德规范。写下这份保证表示签署了自己姓名的学生已经理解了这条政策的“双向责任”：自己绝对遵

守，也向校方报告任何其他学生违反这条政策的现象。

因为“荣誉规章”的存在，普林斯顿大学的各种考试都没有教师监考，全凭学生们的自律和自觉。违反“荣誉规章”的学生会遭到最严厉的处分，包括短暂的禁闭以及开除。令人感到欣喜的是，尽管无人监考，这些严厉的处分在该校并不经常被执行，因为该校几乎所有的学生都把诚信、荣誉看得十分重要。

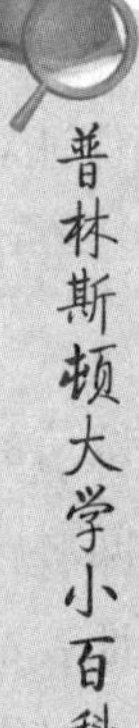

普林斯顿大学最引以为豪的是本科生教育，学校师生比例为 1/6，在全美的大学里很少见，由于学生人数不多，教师有足够的精力来关心学生的作业。普林斯顿大学本科生可以攻读两种学位：艺术学士和工程科学学士。前者授予主修人文科学、社会科学和自然科学的学生；后者授予主修工程技术专业的学生。

第二课 以本科生教育为主

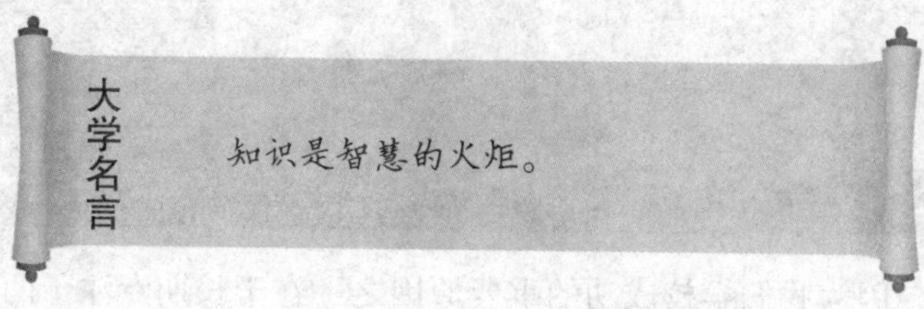

2011年，普林斯顿大学有5173名本科生，2610名研究生。这在美国数以千计的大学里面，就学生数目来说，普林斯顿大学可以说是一所“袖珍型”的大学。但是在国际学界，普林斯顿大学却具有崇高的地位。作为全美著名的一所综合性的研究型大学，学校的教育资源实行以本科生教育为重，研究生教育为辅的方针。该大学的师生比例为1∶6，在全美的大学里是少见的，确保了本科教育的高质量。1998年，美国的《美国新闻与世界报道》杂志将普林斯顿大学与哈佛大学的本科教育并列为美国之首。

我们已经在扩大学校规模，近年来我们的本科生规模增加了11%，研究生和博士的数量也有所增加。但是我们不愿也不可能成倍

地扩大，因为我们学校成功的重要原因之一在于长期专注于两件事：一是本科生教育，二是学术研究，这是我们大学吸引学生的力量所在。我们提供的教育耗资很大，2/3的大一新生进校后都是12人一个班上课，我们为他们配备最资深的老师，如果扩大学生数量，就会降低教学的效率和质量。

普林斯顿大学位于美国新泽西州的普林斯顿，建于1746年，是美国东北部著名的常春藤盟校的三巨头之一。学校历史源远流长，在学术上享有极高声誉，是美国最好的大学之一，至今已为美国培养了近百位参议员和两位总统。

和别的一些大学不同，普林斯顿大学总是把本科生看作学生的主体，原则上所有教授都给本科生开课。在普林斯顿大学，全日制学生和教授的比例是5.6比1。普林斯顿大学的本科生不仅来自美国各州，而且来自很多个国家。

普林斯顿大学分为大学生部和研究生部，共有4个学院：新泽西学院、工程和应用科学院、建筑和城市设计学院、威尔逊公共和国际事务学院。

32个系为：人类学系、艺术与考古学系、天文学系、生物化学系、生物学系、化学系、古典文化系、比较文学系、东亚研究系、经济学系、英语系、地理学系、德国语言与文学系、历史系、数学系、分子生物学系、音乐系、近东系、物理系、哲学系、政治系、心理系、宗教系、罗马语系和语言与文学系、斯拉夫语系的语言与文学、社会学系、统计学系、化学工程系，民用工程系、计算机科学系、电机工程系、机械与航空系。还设有建筑与城市规划、国际关系两个专业学院，相当于系。

普林斯顿大学不仅学校规模小，而且没有医学院、商学院或是法律学院这些耗资巨大的研究机构，所以学校能够把更多的精力和资源倾注到本科生的教学和培养方面。对本科教育的重视，首先体现在本科生与研究生的比例上。与美国其他名牌大学相比，该校的研究生比例较小，客观上能够将学校的各种资源更多地用在本科生教育上。

所有教授都为本科生开课

普林斯顿大学要求所有普大教授都得给学生上课。在美国常春藤盟校中，普大对本科生的教育质量最为关注：一是保证教师的质量，一是保证教师专注于教学。

普林斯顿大学的大部分基础课程是在100到150人的大礼堂内上课，但学生们可以享受到普大的“导修制”——每个星期学生们都参加10到15人的小班，由教授或是助教带领，复习一个星期以来所学的课程。在普大，所有三年级和四年级的本科学生都要求从事独立研究，这时老师会对学生进行一对一的辅导。校长现在还在带学生。对他的采访结束后，校长还得对学生的毕业论文进行辅导。像谢莉·蒂尔曼这样的美国大学校长并不多。

普林斯顿大学最引以为豪的

【杰出校友】

约翰·菲茨杰拉德·肯尼迪，美国第35任总统。他在1946—1960年期间曾先后任众议员和参议员，并于1960年当选为美国总统，成为美国历史上最年轻的当选总统，也是美国历史上唯一信奉罗马天主教的总统和唯一获得普利策奖的总统。

是本科生教育。和别的一些大学不同，普林斯顿大学总是把本科生看作学生的主体，原则上所有教授都给本科生开课。学校对本科教育的重视，首先体现在本科生与研究生的比例上，2011年在校本科生约4500名，硕士和博士研究生约1800名。与美国其他名牌大学相比，研究生比例较小，客观上能够将资源更多地用在本科生身上。

其次，普林斯顿大学明确规定，所有教师都必须承担本科生教学任务。这就从制度上保证了知名教授和教员能够全心全意地培养本科生。例如，该校教授、1993年诺贝尔文学奖得主托妮·莫里森，是新生一入学就能接触到的人物。接受专业领域名人授课的机会，一方面，会对学生的学习生活产生直接影响，而且还可能使他们受益终身；另一方面，直接面对知识渊博的教授，学生们畅所欲言，不仅可以提高他们的思辨能力和研究水平，也能让教授们发现学术上、教学上的问题，起到教学相长、相互促进的作用。

另外，普林斯顿大学还注重完善本科生的知识结构，使他们能充分从学校出类拔萃的文理等各门学科教学中汲取营养。学校规定，所有的文科类本科生必须兼修至少两门科学和工程类课程，而理工科学生也需要接受相应的文科教育。

普林斯顿大学本科生参与科研的气氛非常浓厚，很多本科生论文涉及的研究课题在美国其他高校要到研究生阶段才能开展。普林斯顿大学的教师也有意识地吸收本科生参与正式科研计划，使他们有机会接触其他高校通常仅限研究生使用的尖端设备。普林斯顿大学研究人员近年来在《科学》《自然》等权威学术期刊上发表的论文中，有些第一作者就是本科生。

【杰出校友】

詹姆斯·麦迪逊(1751—1836)，美国第四任总统。他担任总统期间曾领导进行第二次美英战争，保卫了美国的共和制度，为美国赢得彻底独立建立了功绩。他还是出席大陆会议的代表，是制宪会议的主要人物、北部联邦党人文件的起草人之一、众议院议员、民主共和党的组织者。

这种高质量的本科教育和鼓励本科生及早参与系统研究的做法，造就了普林斯顿大学的本科毕业生“后劲足”的优势。此外，普林斯顿大学的本科生可以攻读两种学位：艺术学士和工程科学学士。前者授予主修人文科学、社会科学和自然科学的学生；后者授予主修工程技术专业的学生。

对本科生的经济资助

卡尔·伊坎(Carl C Icahn)实验室普林斯顿大学在普林斯顿评论的评比中被评为最上得起的大学之一。2001年，普林斯顿大学是美国第一所完全没有学生贷款的大学，普林斯顿大学扩展的计划在3年前就确定了以不要偿还的经济援助代替贷款。之后校方又作出了一系列举措：在不考虑家庭经济状况的前提下录取国际学生；把家庭房产的价值从计算学费的公式中去除；减少学生储蓄的贡献比例；并把校方对中低收入家庭学生暑期存款的期望值降低。

普林斯顿大学非常强调受教育的平等机会。学校有专门的助学财政支持计划，主要针对那些经济上有困难的学生。目前，享受助学金的学生占59%。今年，对每个受助学生的平均支持是2.9万美元，而学生每年的学费总支出是4.5万美元。这使我们大学很大一部分学生只需支付很少甚至一点也不用支付学费。

与其他任何美国大学不同的是，普林斯顿大学不鼓励大学生申请助学贷款，因为学校相信，有了奖学金资助，绝大部分学生都能够支付起学费。值得自豪的是，普林斯顿大学的学生毕业时基本上都是零债务的。

普林斯顿大学还被《美国新闻与世界报道》和《普林斯顿评论》两家媒体，评为有贷款负担的毕业生最少的学校。普林斯顿大学的经济援助办公室估算，本科生毕业时平均要背负2 360美元的贷款，而全国各个大学的平均值约为20 000美元。统计数字显示，2009届的班级中将有接近60%的有收入学生会接受某种形式的经济援助。

普林斯顿大学的申请截止日期是每年的1月2日。经济援助优先申请于每年的2月1日截止，由于学校资金充裕，所以提供的奖学金甚是诱人：一般可申请到的助学金为13 800美元。普林斯顿大学每学年的学杂费约为33 000美元，住宿和伙食费需要7 206美元，其中不包括假期费用。

如果普林斯顿大学相中了你，无论是家里有没有钱，都不是问题。但它也是世界上最难申请的学校之一。

普林斯顿大学小百科

普林斯顿大学本科生参与科研的气氛非常浓厚，很多本科生论文涉及的研究课题在美国其他高校要等到研究生阶段才能开展。普林斯顿大学的教师也有意识地吸收本科生参与正式科研计划，使他们有机会接触其他高校通常仅限研究生使用的尖端设备。普林斯顿大学研究人员近年来在《科学》《自然》等权威学术期刊上发表的论文中，有些第一作者就是本科生。

第三课 “小而精”的办学方针

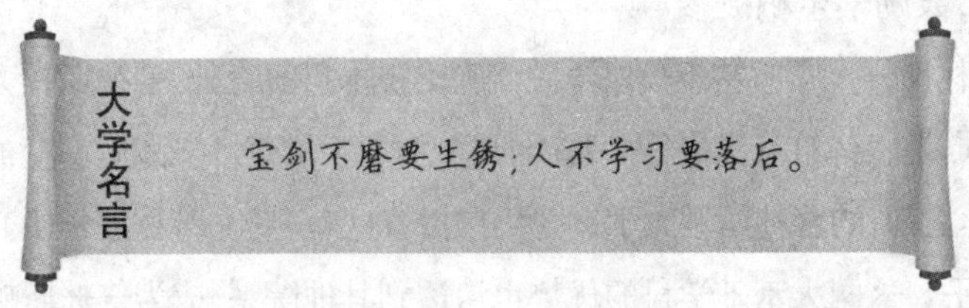

普林斯顿大学是美国第四所最老的大学，规模较小，学科不全，以本科教育为主，但它走出了一条有自身特点的世界一流大学之路。

普林斯顿大学的招生口号是“只要你是优秀的，付学费不用顾虑”。2001年学校收到来自100多个国家5 000多所中学的学生入学申请14 288份，通知录取了1 677人，实际入学1 216人。录取时不仅看分数和成绩，而且更要尽量判断每个人的能力和潜质，考虑学术和非学术兴趣的多样化，特别是技能和天分、经验、背景和追求。招生没有任何配额，不考虑申请者来自什么地区，什么中学，这种选拔制度

较好地克服了应试教育和学生高分低能等问题。

学校开设本科课程1300多门，还有很多授证书的技能课程。学生入学后可选修各种课程，要到第四学期才选定系和专业。学校重视文理交叉，文理工科头两年都必修《认识论和认知科学》《伦理思想和道德价值观》《历史分析》《文学艺术》和《社会分析》。文科加修科技总论和定量推理。理工科加修写作和外语，一年级就有教授和几名同学的小范围专题研讨，每门课程每周一定有一次讨论。本科生在三年级要独立完成一篇文章或一个研究课题，大四要写论文。普林斯顿大学只有春秋两个学期，学生也可以利用较长的暑假出去学语言，写论文或实习。学校里有几十个跨系的研究项目，鼓励学生积极参与!

普林斯顿大学坚持不设医学院。除重视本科教育外，普林斯顿大学的另一大特点是坚持自身优势——基础研究，不贪大求全。二战后一度被称为世界"数学之都"的普林斯顿大学迄今仍保持着这一名望。其物理学研究也处于一流水平。这两大基础学科的优势也渗透到其他院系，成为普林斯顿大学的骄傲。例如，在生态学和进化生物学领域，一些普林斯顿大学的研究人员就凭借扎实的数学功底开展理论生物学研究，形成了自己的专业特色。

在院系及专业设置方面，普林斯顿大学同样把重点放在基础研究上，求精不求全。普林斯顿大学工程学院的规模比麻省理工学院和斯坦福大学的同类学院就小很多，其心理学专业相对其他一些学校来说方向也更集中，侧重点同样是基础理论研究。至今普林斯顿大学都没开设医学院，其原因也在于此：医学院必须与临床应用结合，而运作一个庞大的医学院和临床医院系统需要大量人力和资本，因此普林斯顿大学坚持不设医学院。

【杰出校友】

托马斯·伍德罗·威尔逊(Thomas Woodrow Wilson)，美国第二十八任总统。他曾先后任普林斯顿大学校长，新泽西州州长等职。迄今为止，他是唯一拥有哲学博士头衔的美国总统，也是唯一任总统以前曾在新泽西州担任公职的美国总统。

坚持传统优势并不意味着故步自封。普林斯顿大学在发挥传统优势的同时，也注重紧跟新科技发展潮流。近年来，随着人类基因组草图的绘制成

功,基因组研究已成为科研领域的一个新热点,学校正在积极筹建新的基因组学中心,并打算由普林斯顿大学现任校长、分子生物学家谢莉·蒂尔曼亲自担任主任。

普林斯顿大学为所有的本科生提供住校条件,大一、大二必须住校园内,类似英国的学院制。每个学院有餐厅、活动室、计算机房、管理人员和指导教师。文化演出活动和社团组织很多,70%的学生参加志愿者协会。1893年以来所有考试都不采用监考制度。由11名学生组成管理委员会自主管理与学生有关的事务。学校要求教师与大三、大四的学生保持密切接触,要求学生志愿为公众服务。

对于以本科教育为侧重点的普林斯顿大学来说,每年7亿美元的经费开支不能靠科研经费和学费来支持。该校在集资和教育基金运作方面做得非常成功,确保了学校对优秀师资和生源的吸引力。大学为学生提供的教育耗资很大,2/3的大一新生进校后都是12人一个班上课,并为他们配备最资深的老师,如果扩大学生数量,就会降低教学的效率和质量。

2001年学校基金规模达到82亿美元,总额仅次于哈佛,得州大学和耶鲁,但因规模小,人均数领先。基金投资于股票、债券、风险投资和房地产业。平均年回报率达15.3%。此项收入成为学校经费的主要来源。与此同时收集捐赠也是学校的重点工作,有很多志愿者通过电话、邮件和出访世界各地时找人面谈为学校筹集经费。他们认为捐赠对象主要是校友和家长,通过工作,校友捐款率达到59.4%,学校同时也接受讲席教授、奖学金、楼房设备等形式的专项捐赠,投资回报和捐赠使学校的年收入达到15亿美元。

普林斯顿大学最近两年被《美国新闻与世界报道》排名为全美大

【杰出校友】

盖瑞·贝克（Gary Stanley Becker）美国经济学家。1992年诺贝尔经济学奖得主，为表扬其“将微观经济学的分析视野拓展到非市场经济领域的人类行为之中”。他同时是“胡佛战争、革命与和平研究所”跟美国国家经济调查局”的成员。

学第一，除了学术水平和师资力量之外，这主要得益于普林斯顿大学的本科教育。

普林斯顿大学提供两个主要的本科课程：艺术学士(A.B.)与科学和工程学士(B.S.E.)。前者被授予主修人文科学、社会科学和自然科学的学生；后者则授予主修工程技术专业的学生。按照传统，人类学课程学生可选讨论研究课程或者一周两次的课程，以及一个另外的导修课(“preceptorial”)，是一门讨论研究课程，简称“precept”。虽然大多数的基础课程都是在100到150人的大礼堂内授课，但每个星期学生们都参加10至15人的小班导修课，由教授或助教带领，复习一周以来所学的课程，这些由助教或教授带领的讨论，能给学生们更大的空间去理解课堂所学的理论。这个系统由时任普林斯顿大学校长的伍德罗·威尔逊指定。为了能够毕业，艺术学士的学生必须完成一篇毕业论文，以及一到两份独立的研究报告，被称作“初级论文”(“junior papers”)。他们还必须完成一个两个学期的外文学科。科学和工程学士学生必须完成一个严格的科学和数学课程以及最少两个学期的独立研究。普林斯顿大学还是唯一要求每个本科生都写高级论文以完成学业的大学。

普林斯顿大学的“本科教育战略计划委员会”对本科毕业生提出的标准包含有十二项内容：

具有清晰的思维、谈吐、写作的能力；

具有以批评的方式系统地推理的能力；

具有形成概念和解决问题的能力；

具有独立思考的能力；

具有敢于创新及独立工作的能力；

具有和他人合作的能力；

具有判断什么意味着彻底理解某种东西的能力；

具有辨别重要的东西与琐碎的东西、持久的东西与短暂的东西的能力；

熟悉不同的思维方式(定量、历史、科学、道德、美学)；

具有某一领域知识的深度；

具有观察不同学科、文化、理念相关之处的能力；

具有一生求学不止的能力。

普林斯顿大学小百科

普林斯顿大学的本科学生都要签署被称为“荣誉规章”(“Honor Code”)的学术诚信的保证。这条规定需要学生写一份书面保证，保证对所有的书面作业既没有剽窃也没有违反其他道德规范。学生们在每一次考试都被要求写下“我以我的人格保证我没有在这次考试中违反荣誉规章”的誓言。这份规章带有第二份义务:在入学考试的时候,每个学生保证在看到别的学生舞弊时向学生维护的荣誉委员会报告。

第四课　优势学科突出

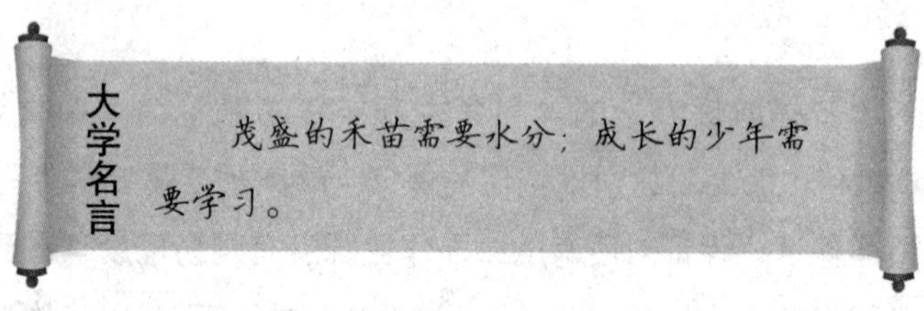

普林斯顿大学(Princeton University)坐落在美国新泽西州普林斯顿小镇,位于费城和纽约之间,环境幽雅,生活富裕,校园宁静祥和。作为全美第四个最古老的学府,普林斯顿大学Princeton University在学术和资源方面都名列前茅。普林斯顿大学拥有著名的教授学者、数量巨大的校友捐款、世界领先的核能实验室,以及450万册藏书。该校由工程与应用科学学院、建筑与城市规划学院、威尔逊公共及国际事务学院和研究生学院构成。威尔逊公共及国际事务学院有许多特别出色的系,如历史系、哲学系、英文系、数学系和物理系。现共有全时教师666人，本科学生4564名。研究生1700名。

由于学校领导的深谋远虑、

远见卓识和创新精神，也由于无数专家学者的杰出贡献，经历了200多年的发展，普林斯顿大学目前分为大学生部和研究生部，下设4 个学院，38个系，新泽西学院、工程和应用科学院、建筑和城市规划学院、威尔逊公共和国际事务学院。普林斯顿大学的任何一个专业都在全美名列前茅，数学、哲学和物理系在全世界享有盛名，历史、英语、政治和经济系也在学术界备受推崇。普林斯顿大学成功步人世界一流大学之列。

由于有了准确的定位，普林斯顿大学始终坚持自身优势——基础研究，坚持以高质量的本科生教育为重点，学生的录取率始终保持在17%以下，教授(非普通讲师)与学生的比例约为1∶5.9，这在美国大学也是很少见的。

普林斯顿大学既设研究生课程，又设有本科课程的院系及专业，一共有34个。你会发现普林斯顿大学，没有其他综合性大学的法学院，没有医学院，也没有商学院。

重点学科

普林斯顿大学以重质量、重研究、重理论的传统享誉世界，坚持“小而精”的办学方针，教学课程以基础性的研究学科为主，普林斯顿大学开设的专业在全美大学都是名列前茅。《纽约时报大学指南》在介绍这所五星大学时说，普林斯顿大学以数学、哲学和物理系尤其知名，其余相当好的学科，包括英文、政治、物理、天体物理、历史、古典文学、经济、美术史、音乐、德语和法语。工程学方面，化学工程、机械工程和航天工程最佳。

为了使自己的学生受到实实在在的教育，1902年，后来成为美国总统的伍德罗·威尔逊就任校长时制定了“导修制”，由教授带领讨论复习一周来所学的课程，给学生以更大的空间去理解、巩固所学的知识。在办学指导思想上，普林斯顿大学坚持非常严格的本

【杰出校友】

阿兰·麦席森·图灵（1912—1954)，英国著名数学家、逻辑学家，被称为计算机科学之父、人工智能之父。他是计算机逻辑的奠基者，提出了“图灵机”和“图灵测试”等重要概念。人们为纪念其在计算机领域的卓越贡献而专门设立了“图灵奖”。

科生教育和非常学术化的研究生教育。为了把这两件事情做到极致，普林斯顿大学至今不设商学院、法学院和医学院，这在美国高校中绝无仅有。也正是由于规模不大，学科不全成就了普林斯顿大学独特的优势。

普林斯顿大学在强校林立的美国处于不败之地的秘诀，就在于根据自身的特点积极调整、与时俱进，而不是一味追求规模、盲目跟风，这主要表现在：

在小而精的办学方针的基础上，普林斯顿大学以重质量、重研究、重理论的传统而享誉世界，尤其表现在它的自然科学理论研究方面。普林斯顿大学的研究课题基本上以基础理论研究为主，甚至工科各系也都如此。普林斯顿大学的等离子实验室是美国唯一的研究核聚变的国家实验室；其最大的科学研究机构———佛洛斯特研究中心则在喷气推进气体动力学、航天导航、气象和海洋等领域取得过一系列重大成果。

专业研究院

普林斯顿大学向以理论研究见长。大学的学术风格依然保持理论倾向，并且使纯朴校风得以维持，这一特色是其他常春藤盟校或新近崛起的名校所无法向及的。

虽然理论研究是普林斯顿大学的学风特色，但其仍于学用相辅的信念下创立科际整合的专业研究院。1919年成立建筑学院 (the School of Architecture) 强调硬体规划及建筑环境的设计。并期借由政治、经济、社会、行为等学科的熏陶使设计理念能与当地居民及环境相结合。1921年另设立工程和应用科学学院 (the School of Engineering and Applied Science)其下共设有5个系，分别是化工系、电机系(Electrical Engineering)、土木工程和作业研究系 (Civil Engineering&Operation Research)、电脑科学系以及机械航空工程系；最后成立的专业学院则是

【第三个踏上月球的人】

查尔斯·皮特·康拉德二世，曾是一位美国国家航空航天局的宇航员，执行过双子星5号、双子星11号、阿波罗12号以及天空实验室2号任务。执行阿波罗12号任务时，康拉德成了第三个踏上月球的人。

威尔逊公共和国际事务学院（the Woodrow Wilson School of Public and International Affairs），成立于1930年。专业研究院还制订了政治经济和历史科际整合的培训计划，目的在培养具通才知识的公共行政和国际事务专业分析人才。

高等研究院

美国新泽西州班伯格家族，自从白手起家在家乡新渥克市开设第一家小商店以来，经过多年发展，跃升为美国百货零售业巨子，老板是两兄妹。不知是出于敏锐的商业直觉抑或纯属鬼使神差地巧合，在1929年纽约股市全面崩溃之前的6个星期，他们将手中持有的股票全部抛出兑现，躲过了这场没顶的“世纪之灾”。当时他们掌握的财富达到2 500万美元，决定在新泽西州捐资做一些善事。

他们原本打算资助一所牙医学校，但是医学教育专家亚伯拉罕·弗雷克斯纳成功地说服他们放弃了这个想法，转而创立一所一流的研究机构，那里将没有教师，没有学生，没有课程，只有不必为谋生操心的研究人员。至于研究专业，弗雷克斯纳自己倾向于经济学，不过很快就听取了别人的建议，选择数学这样一门更加具有基础性质的学科。事实上，那时候和现在一样，鉴别优秀的数学家远比挑选出色的经济学家更加容易。

接下来就要考虑选址问题。班伯格家族所在的新渥克市只有油漆工厂和屠宰场，弗雷克斯纳希望邀请的国际学术明星们当然不会乐意跑到这样的地方来。于是，邻近的

> **【杰出校友】**
> 田长霖，美籍华人，享誉国际的热物理科学家，美国一流大学首位华人与亚裔大学校长、中科院首批外籍院士、香港创新科技委员会首位主席。

普林斯顿自然成为第二选择。据说还是拓扑学家奥斯瓦尔德·维布伦告诉班伯格家族，说普林斯顿完全可以“从拓扑学意义上”被认为是新渥克市的“郊区”，这才促使他们下了最后决心。大家知道，作为几何学的升华，拓扑学讲究邻近关系，但是不计较距离。

弗雷克斯纳怀里揣着班伯格家族提供的资金，开始周游世界，招募优秀学者，许诺给予他们优厚工资和额外津贴，并且保证他们拥有绝对的自由和独立性。当时，希特勒刚刚开始执掌德国政府，德国大学大量排挤犹太人，战争阴云日益临近，整个欧洲都显得忧心忡忡。经过长达三年的耐心的讨论，欧洲最伟大的学者爱因斯坦终于同意成为普林斯顿高等研究院数学部的第二名成员。对此，他的一个朋友评论说，“物理学的教皇已经移居美国，美国很快就会成为世界自然科学中心”。1933年，奥地利维也纳的逻辑学神童库尔特·戈德尔和德国数学巨星赫尔曼·威尔随后来到美国。威尔在接受邀请的时候提出了一个条件，要求研究院同样为下一代学者打开大门。这样，刚满30岁的冯·诺伊曼因此获得聘请，成为研究院最年轻的教授。几乎是在一夜之间，普林斯顿大学成为像哥廷根大学一样引人注目的学术圣地。

“人才优先”战略

有关普林斯顿高等研究院，还有一段人类文明的有趣故事：

当班伯格兄妹成功地从股票市场抽调资金准备为家乡和国家做一点善事的时候，他们委托两位律师去找亚伯拉罕·弗雷克斯纳。那时候弗雷克斯纳已经退休。班伯格之所以要找20世纪初年美国著名的教育家弗雷克斯纳，是因为他写过一份报告，讨论当时的美国医学教育，认为系统混乱，标准不高。长此下去，在20世纪的医学发展中美国要落在后面，这将直接危害美国人民的健康和福利。报告引起朝野的震惊，而美国的医学教育

在20世纪初也就有了长足的进步。自此之后，弗雷克斯纳还被洛克菲勒基金会邀请去做其他一些事情，比如捐资开办北京协和医院。

律师找到弗雷克斯纳，对他说，“有一个很有钱的人想捐钱做一些事情。我们知道你对社会事业很热心，很有见解，也很有经验，想听听你的意见”。弗雷克斯纳说，“巧极了，我正好写了一本小册子，你们拿去看看”。小册子的主题，就是指出当时美国在科技方面非常脆弱。当时，美国的学子要跑到欧洲才能拿到像样的科学学位。弗雷克斯纳指出，这样下去是不行的。小册子指出，美国必须建立一些独立的专门从事科研的机构。他特别推崇德国的制度。

几天以后，律师打电话给弗雷克斯纳，说班伯格先生想请他吃饭。午饭的时候，班伯格对弗雷克斯纳说：“你的书写得很好，我愿意尽我的可能支持你的设想和计划。你觉得需要多少钱？”

弗雷克斯纳后来在自传中说，见面之前没有想过真的就可以去做，更没有想过需要多少钱。班伯格一问，他必须马上回答，所以就随便说了一个他认为很大的数字：“500万”。500万美元在当时的确是一个惊人的数字。

班伯格当时没有立即确认。几天以后，他给弗雷克斯纳写信

说，“我愿意捐500万，但是有一个条件，你必须出山，当高等研究院的第一任院长”。

【杰出校友】

乔治·凯南（George Frost Kennan，1904年2月16日至2005年3月17日）是美国外交家和历史学家，普利策新闻奖获得者。遏制政策（policy of containment）创始人。

接信以后，弗雷克斯纳想了好久，不能决定。他一方面因为自己的设想有了实现的机会而高兴，另一方面觉得自己已经退休多时，不应该“东山再起”。就这么烦躁不安地踌躇了十多天。

两个星期以后，他的太太对他说：“你必须接受。我跟你已经共同生活了几十年，对你非常了解。假如今天你不接受这件事情，你的脾气一定会变得很坏，我就无法再跟你一起生活下去了”。

就这样，亚伯拉罕·弗雷克斯纳成了普林斯顿高等研究院的第一任院长。

作为院长，第一件事情就是筹划研究院应该研究什么东西。500万美元固然是一个很大的数目，但是要想在尖端科技的每个方面都去研究，在文史方面都去研究，还是远远不够的，所以必须作出选择，有所取舍。

至于如何选择，弗雷克斯纳定下一条原则：先要物色卓越的人才，然后发展他们擅长的学科，而不是先决定发展什么学科，才去找人。也就是说，先去找已经做出并且还能做出杰出研究工作的人，如果他愿意来的话，就在研究院里开辟他所从事的研究领域。

普林斯顿高等研究院之所以能够很快在国际学界树立地位，弗雷克斯纳先生的这项“人才优先”政策实在是一个关键。

“世界数学之都”

普林斯顿大学数学系和普林斯顿高等研究院数学部，在20世纪30和40年代迅速成为美国学术界冉冉上升的明星，不仅在拓扑学、代数学和数论方面独占鳌头，计算机理论、运筹学和新生的博弈论也处于领先地位。第二次世界大战以后，许多数学家都返回普林斯顿，科学和数学被视为战

后创造更加美好的世界的关键。由于数学在战争年代对于美国的贡献，政府似乎突然意识到纯粹研究的重要性，军方尤其如此，纷纷拨款资助纯粹理论方面的研究项目。

【杰出校友】

胡应湘，香港合和实业有限公司主席。原籍广州花都，1935年生于香港，现为全国政协委员、香港事务顾问、广东省中华文化促进会名誉会长、广州市教育基金会名誉会长。

由此，普林斯顿大学的数学研究迅速发展起来，集中了大批数学研究一流人才，普林斯顿大学也成为世界数学研究的中心之一，并长期处于世界数学研究的前沿，该校教授获得过菲尔兹奖的人数居世界第一。

对于美国多数名牌大学而言，除了文理学院以外，法学院、医学院和商学院可称三大学院。普林斯顿大学却是一所至今没有法学院、医学院和商学院的大学。那么，普林斯顿大学是靠什么成功的呢？

卓越不是模式化的结果，世界一流大学并没有统一的办学模式。普林斯顿大学新闻发言人玛里琳·马科斯在接受新华社记者采访时，总结了学校的两条办学经验：重视本科生培养和坚持小而精的风格。

普林斯顿大学十分注重完善本科生的知识结构，使他们能充分从学校出类拔萃的文理工艺等各门学科教学中汲取营养。所有的文科类本科生必须兼修至少两门科学和工程类课程，而理工科学生也需要接受相应的文科教育。

虽然研究生比例低，但是普林斯顿大学本科生参与科研的气氛非常浓厚，一些本科生论文涉及的研究，在美国其他大学要到研究生阶段才能展开。普林斯顿大学的教授也有意识地吸收本科生参与正式科研计划，使他们有机会接触其他高校通常仅限研究生使用的尖端设备。普林斯顿大学研究人员近年来在《科学》《自然》等权威学术期

刊上发表的论文中，有些作者就是本科生。

除重视本科教育外，普林斯顿大学的另一大特点是坚持自身优势——基础研究，不贪大求全。普林斯顿大学在二战以后，一直被称为世界“数学之都”。她的物理学研究也处于一流水平，师生当中前后有18人获得诺贝尔奖。数学物理两大基础学科的优势也渗透到其他院系。例如，在生态学和进化生物学领域，普林斯顿大学的一些学者就凭借他们在博弈论和混沌理论方面扎实的数学功底，开展理论生物学研究，形成自己的专业特色。

坚持传统，锐意进取，而不是追求规模，更不是盲目跟风，这恐怕就是普林斯顿大学在强校林立的美国立于不败之地的秘诀。

普林斯顿大学小百科

按照普林斯顿大学的传统，人类学课程学生可选讨论研究课程或者一周两次的课程，以及一个另外的导修课，是一门讨论研究课程，简称“precept”。虽然大多数的基础课程都是在 100 到 150 人的大礼堂内授课，但每个星期学生们都参加 10 到 15 人的小班导修课，由教授或助教带领，复习一周以来所学的课程，这些由助教或教授带领的讨论，能给学生们更大的空间去理解课堂所学的理论。这个传统由时任普林斯顿大学校长的伍德罗·威尔逊指定。

第五课　普林斯顿大学名人榜——美国外交家乔治·凯南

大学名言

星星使天空绚烂夺目；知识使人增长才干。

乔治·凯南（George Frost Kennan，1904年2月16日—2005年3月17日）是美国外交家和历史学家，普利策新闻奖获得者，遏制政策（policy of containment）创始人。

遏制政策的鼻祖乔治·凯南，1904年出生在美国威斯康星州的一个偏远山区，父亲科休斯·凯南是一个律师兼工程师，他的母亲很早就去世了，家庭并不富裕。1925年毕业于普林斯顿大学，就去了外交部工作，预计美苏关系会越来越重要，就选择了俄语和俄国事务方面的专门培训。1929年至1931年在柏林大学学习俄罗斯文化，并先后在日内瓦、汉堡、柏林和波

【杰出校友】

温特沃斯·米勒，毕业于普林斯顿大学，获文学学士。1995年春开始在洛杉矶一家小型电视制作公司的发展部任职，后转入演艺事业。因电视剧《越狱》为观众熟知，也因此被提名为2006年全球奖电视剧部分的最佳表演奖。

罗的海沿岸国家从事外交工作。这期间，他和一个挪威妇女成婚并生了2个女儿。

此后，他被任命为美国驻苏大使威廉·马歇尔·布利特的助手兼翻译，在苏联首次任职时，他对苏联领导人逐渐形成不信任感，对那些在大萧条时期认为社会主义可以建立更为公正的社会秩序的美国人中的理想主义者嗤之以鼻，然而，他并不担心苏联对西方的军事威胁，他赞成苏联和西方达成有限的妥协。

凯南在莫斯科当了几年领事和秘书后，到国务院苏联办公室工作了一年，然后被派往布拉格和柏林，凯南在柏林时正好碰上美国对德宣战，他被关了几个月后被遣送回美国。战争期间，他在里斯本和伦敦工作，1944–1946年，他任驻莫斯科代办，战争结束时，他在那里观察苏联政权的举动和后来被称为“冷战”的开始。

1946年2月22日，任驻苏联代办的乔治·凯南向美国国务院发了一封长达8000字的电文，对苏联的内部社会和对外政策进行了深入分析，提出并最终被美国政府所采纳的对付苏联的长期战略，也就是遏制政策，对20世纪后半叶的世界政治产生了重大影响。

1947年，乔治·凯南以“X”的署名在美国《外交事务》上发表文章《苏联行为的根源》，该文明确提出美国要使用“抵抗力量”，对苏联的扩张倾向进行长期、耐心、坚定与警觉的“遏制”。文章发表后引起了极大关注。文中所提出的“遏制”苏联的主张，被普遍认为是美国对苏战略的思想基础。从此一直到冷战结束，美国对苏战略，乃至整个大战略都被称为“遏制战略”，凯南本人也因此获得了“遏制之父”的称号。

1952年，哈里·杜鲁门总统任命他为美国驻苏大使，但是，他在同一名柏林记者谈话时，草率地把苏联比作纳粹德国，破坏了他在莫斯科的声誉，使他最终被解除大使职务，当艾森豪威尔任总统时，凯南退出了外交

部，到普林斯顿大学任教，1957年，他做了一些演讲，敦促美国为结束战后欧洲的分裂状态和减少核武器而采取行动，他的演讲遭到了冷战鼓吹者的全面批评。

1961年民主党上台后他重新回到外交部，称为约翰·肯尼迪总统的驻南斯拉夫大使，他支持铁托总统向莫斯科争取独立的做法遭到了国会的反对，影响了他的工作效率。此后广泛的进行写作和演讲，1975年在华盛顿特权创立凯南苏联高级研究所。他的观点很鲜明，美国不应完全相信苏联，但美国应在结束核军备竞赛方面起带头作用。

2005年3月18日，美国最有影响力的《纽约时报》和《华盛顿邮报》同时在头版登出一张黑白照片，报道了一个人去世的消息。但凡美国的名人，死时能在这两家大报的讣告版登个生平就算了不起了，最近几年来享受头版殊荣的只有前总统罗纳德·里根。两家报纸的标题为死者的一生作了简单的总结："冷战时代的顶级战略家""构筑美国外交政策的圈外人"。此人就是乔治·凯南。3月17日晚，他在新泽西州普林斯顿的家中去世，享年101岁。

美国"遏制"政策的鼻祖

了解国际关系和美国外交的人，没有不知道凯南的。尽管刚刚去世，但他早就被作为著名的历史人物来研究。他的理论过于炫目、影响过于深刻，以至于人们似乎忽略了追究他的生死。

1946年，凯南在美国驻苏联使馆工作期间，通过观察分析，认定与美国意识形态相对立的苏联，终将成为美国的威胁。由于时任驻苏大使哈里曼与他意见有出入，所以他趁大使回国自己任代办之机，亲自

> 【杰出校友】
>
> 约翰·纳什(JohnF Nash),任普林斯顿大学数学系教授。1950年,约翰·纳什获得美国普林斯顿高等研究院的博士学位,他那篇仅仅27页的博士论文中有一个重要发现,这就是后来被称为“纳什均衡”的博弈理论。

起草了一份8000字的电报，提出对苏联一定要实施“遏制”政策。在一贯讲求语言简洁的外交圈，这么长的电报通常是被扔进废纸篓的，但因该电报内容与华盛顿决策圈不谋而合,所以受到了不同寻常的重视。

1947年，已是美国国务院政策研究室主任的凯南化名X先生,在美国《外交》季刊上发表文章,正式提出对苏联实行“长期、耐心和坚定”的遏制政策,成为美国“遏制”政策的鼻祖。“遏制”一词也从此成为美国在针对与其意识形态相异的国家制定外交政策时的口头禅。美国不仅在苏联解体之前一直将其奉为对苏政策的圭臬,还将“遏制”的范围扩大到伊朗和中国等国。甚至1998年克林顿访华前夕，美国还爆发过一次关于对中国到底是要遏制还是要接触的大争论。

应该说“是苏联成就了凯南”。凯南是十月革命后赴苏探讨美苏正式建交的外交官,也是美驻苏大使馆首批建馆人员,一度官至驻苏大使。但他对苏联怀有刻骨的意识形态偏见，公然将苏联与德国法西斯相提并论而被苏方驱逐出境。

凯南“遏制”理论的名声太响,以至于人们忽视了他在其他方面的成就。自1926年以优异成绩考入美国国务院后,他的工作一直十分出色。二战结束后，他是美国推出援助欧洲的“马歇尔计划(Marshall Plan)”的几个智囊之一。1947年，凯南运用自己的影响力游说国务院成立了政策规划司，并出任首位司长。克林顿时期的国务院政策规划司司长哈尔普林曾说,“第一任司长凯南是每个继任者都想达到的标准”。

为了全方位实施他的“遏制”战略，凯南又一手推动建立了中央情报局。

凯南的思想中意识形态色彩强烈，但他的眼光非常现实。他在20世纪40年代就指出社会主义阵营不可能是铁板一块，肯定会分化。他还是第一个公开反对以核战争为威慑手段的美国人。1994年，凯南在回顾历史时说，正是由于美国坚持要苏联“无条件投降”，不懂妥协，才造成了长达40年的冷战和无休止的、危险的军备竞赛。结束职业外交生涯后的凯南在普林斯顿大学任教，出版了17部著作，其中两部获得普利策奖。

美国政界的“香饽饽”

凯南的意识形态极其“美国”，“遏制”政策又符合战后美国历届政府的意图，在局外人想来，他应是美国政界的“香饽饽”才对。但实际上凯南一直自认不融于华盛顿的外交圈，从来都自称是“局外人”。同时，他视自己就读过的普林斯顿大学为心灵家园，不如意时就躲进校园钻研学术。据他的传记作者介绍，凯南自认是一个“书虫”，他觉得自己更应该成为一个诗人，或是小说家。

凯南的“遏制”政策是引发他与华盛顿互相不满的根源。他的遏制是在政治层面，而非军事遏制。由他的遏制思想而导致美国军力膨胀，进而引发美苏之间长年的军备竞赛，完全与他的初衷背道而驰。熟悉凯南的人说，他聪明过人，对别人犯错毫无耐心，所以美国政府根据他的思想制定出的外交政策，没几条让他看得上眼。当年的驻苏联大使哈里曼（因为凯南的名气，人们已经不大记得他了）曾评价说，凯南是个了解苏联却不了解美国的人。从苏联被赶回后，凯南在普林斯顿待了一阵就去问领导杜勒斯怎么安排自己，但与他关系紧张的杜勒斯回答说“我没位子给你”。凯南于是又回到了普林斯顿大学。

凯南认定美国没有力量改变其他国家的意识形态，为此，他认为美国的外交政策应尽量“谦虚谨

【著名教授】

本·伯南克(Ben Shalom Bernanke)，美国经济学家，在普林斯顿大学任教17年，曾担任经济学系主任，美国联邦储备局主席。2009年12月，伯南克当选美国《时代》周刊2009年年度人物。

慎”，别四处输出“民主自由”，别充当世界警察。凯南这一思想显然不融于美国的决策层。但越到晚年，他的这一思想越清晰。1999年，凯南接受采访时，批评美国政府四处充当教师爷的做法“不过脑子，虚荣，讨人嫌”，并表示，美国人要避免对别国指手画脚，特别是中国和俄罗斯。

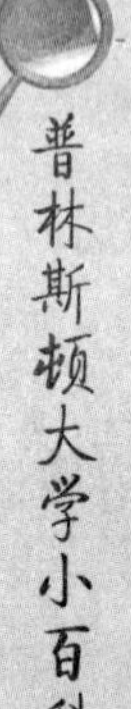

普林斯顿大学有个传统，每逢 50 年“大庆”，必请当时的总统来演讲：1946 年逢 200 周年校庆，请了杜鲁门总统，1996 年逢 250 周年校庆，请了克林顿。克林顿总统认为：这是普林斯顿大学给在任总统的一个极大的面子。

第三章　注重传统的校园文化

普林斯顿大学的校园，被认为是全美最美丽的校园之一。校区内各个时期的精妙绝伦、富于变化的欧式风格及现代式的大学建筑，有机、和谐、统一。置身漫步于安静美丽的城堡校园内，很感慨，这里没有招牌没有围墙，有的只是深厚的文化沉淀和历史见证。

第一课　永远打开的门

大学名言

造烛求明，读书求理。

爬满常春藤的哥特式校园里弥漫着浓厚的“过去”的气味，难怪有位学生说：“在普林斯顿大学，变化不算变化，只能算是新传统。”普林斯顿大学的学风并不能用“富有想象力”一词形容，它的长处在于它治学严谨，一丝不苟。

普林斯顿大学这座学术殿堂有数不清的门，学子们不仅要入门，而且要登堂入室。而最著名的菲兹兰道夫门在学生要求下，永远对现实世界敞开着——不过，学生最好在四年内都

【著名教授】

托妮·莫里森，美国黑人女小说家。主要作品有《最蓝的眼睛》(1970)、《苏拉》(1974)、《所罗门之歌》(1977) 和《黑婴》(1981)等。1989年起出任普林斯顿大学教授，讲授文学创作。主要成就在于长篇小说方面。1993年获诺贝尔文学奖。

别迈过它一步。本科生只有4500多人的普林斯顿大学，以学风严谨著称，学生的独立研究能力是校方培养的重点。普林斯顿大学所在的小镇景色优美，贵族气息很浓。在美国革——命史上，这一带也相当有名，是美国国父乔治·华盛顿领军打仗、多次往返的地方。附近有不少历史遗迹。

假如你是一个普林斯顿大学 (Princeton University)的学生，你在普林斯顿大学的四年中一定会远远地避开校园中心拿苏楼前的费兹兰道夫门(Fitz Randolph Gate)。

这扇门的故事非常有趣。它在1905年建成，位于校园最主要的大楼前，面对普林斯顿大学历史悠久的拿苏街，是校园的正门。其后的60多年中，它大部分时间都关闭着，只有在重要人物来访和每年毕业班离开大学时才被打开。

到了动荡不定的20世纪60年代，普林斯顿大学校门的紧闭引起了许多学生的抗议。1970年的毕业班集体请求校委员会将这道门永远打开，以象征普林斯顿大学拒绝将自己关闭在学术的象牙塔中，而是把自己的校门对外面的世界永远开放。校委员会采纳了1970届毕业班的请求。

这是一个非常典型的普林斯顿大学的故事——注重传统是这所美国第四古老的大学最为显著的特点。这座始建于1946年，比美国党政军要年长30岁的学府，在它建成250年之后，已经根深蒂固地植于它的历史之中。

这个特点在各个方面体现：在校园里参观时，导游的学生会把你带到挂满普林斯顿大学历任校长画像的大厅内，向你娓娓讲述每位校长的业绩——其中伍德鲁·威尔逊，后来当过新泽西的州长，又成为美国第二十八任总统；去普林斯顿大学的电脑网页上一游，你会发现普林斯顿大学有专门的网面和几百页的论文来详细介绍整个校园建校以来建筑风格的演变，以及校园里每一座楼的历史。这在美国大学中恐怕是绝无仅有的。当自由派思潮在其他的美国大学校园里汹涌的同时，普林斯顿大学学生们的政治倾向却是保守的温和派。

普林斯顿大学爬满常春藤的哥特式校园里弥漫着浓厚的“过去”的气味，难怪有位普林斯顿大学的学生说：“在普林斯顿大学，变化不算变化，只能算是新传统。”

普林斯顿大学、加州理工学院这两所大学，都是学科门类并不齐全，迄今学生人口只有几千人的“袖珍学校”，却像一颗颗宝石，闪耀出璀璨的

【著名教授】

安德鲁·怀尔斯(Andrew Wiles),英国当代有名的数学家。1981年到美国普林斯顿高等研究院任研究员。1982年任普林斯顿大学(Princeton University)教授。1989年当选为伦敦皇家学会会员。1994年以后任普林斯顿大学欧根·希金斯(Eugene Higins)讲座教授。怀尔斯对数学的最大贡献是证明了历时350多年的、著名的费马猜想。

光芒,展示着独特的魅力。

有人说,普林斯顿大学像是一个不求大、不求多元化,专注于把自己做强的公司。与此相反,相当一部分中国大学盲目追求多元化、规模经济,而没有关注自己的核心竞争力。

虽然普林斯顿大学在某种程度上也有“多元化”的举措,但是她却一直保持着适当的规模,并同时保证了多个系的教学、学术水平名列世界前列。从这个意义上讲,普林斯顿大学既不是仅仅专注于某个学科或领域的“一枝独秀”,也不是放弃专长,纯粹鼓励“百花齐放”,而是在成功保证教学质量和学术水平的同时,坚持自己的特色,进一步扩大教育科研范围,从而形成“红花绿叶”相得益彰、相映成趣的欣欣向荣局面。

据介绍,在普林斯顿大学,有35%的学生是国际学生,而在今年1200多名新生中,有七八位来自中国大陆,来自全球华人就更多了。由于金融海啸,这个数字明年会更高。

普林斯顿大学和世界上其他国家的大学关系很好。这里有17%的学生会在大三选择出国交流一年。

在本科生培养期间,通过一两个学期的国际交流,可以使学生在多方面得到锻炼,同时也有助于独立研究工作的完成。首先,最重要的是语言的锻炼,普林斯顿大学要求每位本科生完成一项独立研究工作,因此语言能力对所有的专业来说就显得至关重要。其次,国际交流也有利于学生了解另外一种文化,世界一流大学的学生要求具有国际视野,深入另外一种文化的学习将加深对自己及世界的了解,用一两个学期的时间到国际交流使得学生是作为一个另一种文化的参与者而不是游客。再次,国际交流也会使学生获得一些特殊的科研机会,特别是对那些进行区域研究的学生来说,到国外参加一个学校的学习将使学生开展一系列的学术选择,获

得普林斯顿大学没有提供的学习课程、第一手资料的收集，还可以与自己研究领域的海外学者和科研人员进行面对面的交流和讨论。

在哥特式校园的保守氛围下，蒂尔曼的上任以及她后来的所作所为，才如此引人注目。

普林斯顿大学另一个重要特点就是经济上的宽裕。普林斯顿大学是美国最富有、奖学金最丰厚的大学。在金融危机的大背景下，各大名校纷纷减少奖学金。但凭借着雄厚的经济实力，普林斯顿大学的奖学金并没有受到冲击。当地的学生告诉我们，申请普林斯顿大学时，你的申请大学材料和申请奖学金材料会被送到两个不同的办公室，也就是说你对奖学金的申请并不会影响到你的入学。

在美国常春藤盟校中，普大对本科生的教育质量最为关注。正是由于学校规模小，研究生人数少，普大的本科生与教授之间的关系比其他常春藤盟校都密切，师生之间的沟通也更充分，这有利于提高教学质量。

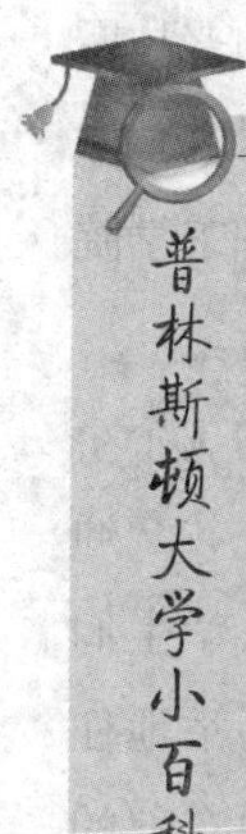

普林斯顿大学小百科

普林斯顿大学 1998 年春成立了一个审查普林斯顿大学本科生的录取政策的委员会，他们认为录取新生的最主要目的，就是保证本科生群体长期处于优秀的水平，所以录取学生时并不仅仅参考成绩，更注重学生的综合能力与潜力、处事经验、天资和特殊才能，人生抱负，家庭背景和对各种学术与非学术领域的兴趣等因素。招生中的高标准和低录取率，充分体现了本科生源的高质量，从而为大学培养优秀人才奠定了一个好的基础和理想的起点。

第二课　深厚的文化沉淀

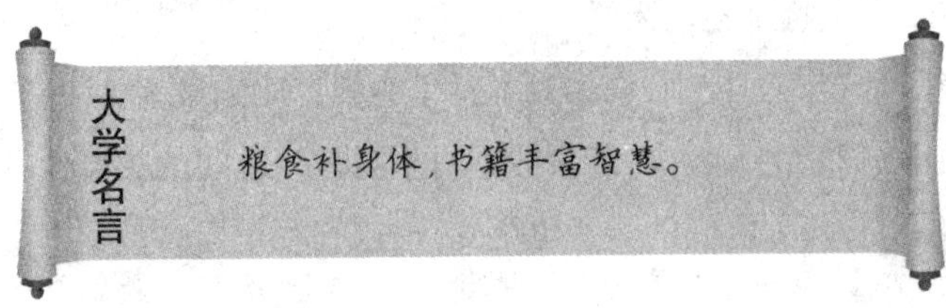

普林斯顿大学是举世公认的著名大学，它位于美国新泽西州的普林斯顿镇，这座以大学为主体的小镇四周是一片片乡村田园，到处绿草如茵，洋溢着一派和平、生机勃勃的气氛。这里虽然没有哈佛大学和麻省理工学院所在的波士顿繁华热闹，但却是不少美国学生梦寐以求的求学之所。

普林斯顿市地处纽约市和费城市中间，距离两座大城市都约 1 个小时的车程。普林斯顿的公共交通也非常发达，如果没有车，学生们同样也可以坐火车轻而易举地往来于纽约、费城或是其他东部的大城市。普林斯顿大学的校园面积约2.4平方公里，整个校园以哥特式建筑为主，风景优美。校园内建有许多新哥特式的长廊和灯

笼，廊上爬满了常春藤，显得古色古香十分幽静。

美国著名的普林斯顿大学(Princeton Univesity)已有261年的历史。它位于新泽西州西南的普林斯顿城。小城林木苍翠，绿草成茵，景色幽雅。晶莹的卡内基湖和清澈的特拉尔华河环绕普林斯顿城静静地流淌，是一座美丽、幽静、清洁的花园城市。凭借着得天独厚的自然风光，普林斯顿大学校园内林木葱茏，花草茂盛，四季飘香。

在苍松翠柏、古木参天的环境中，浸润着数百年历史风雨的普林斯顿大学被认为是全美最漂亮的大学之一。校区景色幽雅，四周绿树成荫、绿草丛丛，清澈河水流淌；校区内各个时期的精妙绝伦、富于变化的欧式风格及现代式的大学建筑，有机、和谐、统一，置身漫步于安静美丽的城堡校园内，很感慨，这里没有招牌没有围墙，有的只是深厚的文化沉淀和历史见证。

普林斯顿大学被美誉为美国“最漂亮的大学”，果然名不虚传。初夏，校园内高大挺拔的树木，婉转动听的鸟鸣，秀丽如画的景致，整个校园就是一个集功能和美丽于一身的大花园。漫步在普林斯顿大学校园，令人觉得心旷神怡。

普林斯顿大学同美国其他大学一样，没有校门，没有围墙，也不挂大学校牌。任何人都可以进入校园参观、浏览，你可以任意到办公室看教授们办公，也可以在教室外看学生们上课，只要你不妨碍和干扰别人，没有人会来干涉你。

闻名世界的著名相对论大师爱因斯坦是人们崇拜的科学家，他曾在这里从事过研究工作，在他工作过的大楼前，我不禁浮想联翩，仿佛看到他在这幢大楼的研究室里孜孜不倦的身影。普林斯顿大学的建校史上，培育了不少杰出的人才，为美国的文明社会做出了很大的贡献。美国国会和州政府中很多高级官员都是这所大学的毕业生。还有两

【著名教授】

姚期智，世界著名计算机学家，2000年图灵奖得主，美国科学院院士，美国科学与艺术学院院士。1986年至2004年在普林斯顿大学计算机科学系担任Wiliam and Edna Macaleer工程与应用科学教授。

位总统曾在普林斯顿大学求过学；中国科学院的李政道院士、杨振宁院士和陈省声院士在普林斯顿大学担任过高级研究院的研究员。

到普林斯顿大学读书很不容易，对新生录取要求很严，特别是女生，令我们想不到的是，这所著名的大学竟然在招收学生时，存在着重男轻女，似乎与一向标榜“民主、自由”的美国有些不相称。不过学校非常重视学生的品质知识和培养，让世界各地的学子慕名而来。

普林斯顿大学的校址方圆2.4平方公里。校内有很多哥特式风格的建筑，大多数都是19世纪末20世纪初修建的。拿苏楼是校内的主管理楼，建于1756年，曾在1783年间短暂地被作为国会大厦使用。

在普林斯顿大学中最古老、最有名气的建筑当是拿苏楼。它有名并非是其年久，而是因为它见证了美国历史上一连串的政治事件，比如说它是新泽西州的第一个立法机构所在地，是普林斯顿战役的指挥机关，它甚至做过联邦的国会大厦。后来它做过办公楼、宿舍、图书馆、教室，现在它是普林斯顿大学的行政大楼。

普林斯顿大学的治安状况在美国出了名的好。在美国大学枪击案连

发的时候，普林斯顿大学几乎连抢劫案都不发生。在大学中，随处可见这种上面有蓝灯的电话，这种电话可以在有紧急情况时使用。

普林斯顿大学整体给人留下非常好的感觉。在校园里会给人一种很舒服的感觉，而这里的学生正如他们“Princeton”的校名一样，温文尔雅，颇有风度。

普林斯顿大学小百科

普林斯顿大学分为本科部和研究生部，共有 4 个学院：新泽西学院、工程和应用科学院、建筑和城市规划学院、威尔逊公共和国际关系学院。32 个系分别为：人类学系、艺术与考古学系、天文学系、生物化学系、生物学系、化学系、古典文化系、比较文学系、东亚研究系、经济学系、英语系、地理学系、德国语言与文学系、历史系、数学系、分子生物学系、音乐系、近东系、物理系、哲学系、政治系、心理学系、宗教系、罗马语语言与文学系、斯拉夫语系的语言与文学、社会学系、统计学系、化学工程系，民用工程系、计算机科学系、电机工程系、机械与航空系。普林斯顿大学还设有建筑与城市规划、国际关系两个专业学院，相当于独立的系。

第三课　大学之“学”

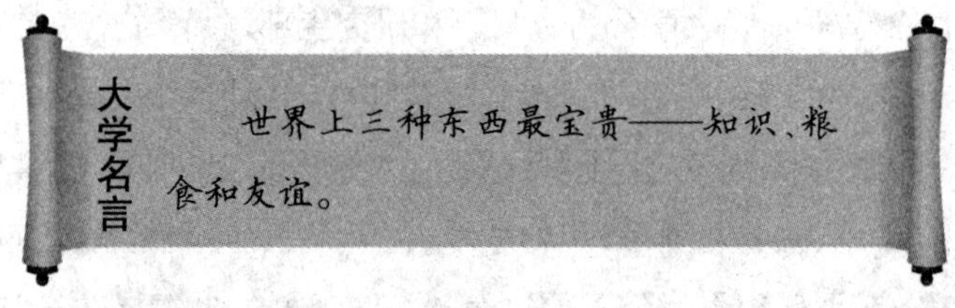

普林斯顿大学(Princeton University)是2000年9月《美国新闻与世界报道》周刊排出的2001年度美国最优国家级大学的第一名（1999年排出的2000年度第四名;1998年排出的并列第一名;1997年排出的第一名;1996年、1995年排出的第二名），是该杂志今年最好价值大学排序中的第5名，是美国有名的“常春藤盟校”之一。

普林斯顿大学对于大学之“学”的理解以及注重学术的传统集中体现在以下几个方面。

严谨求实是关键

严谨是学术之生命。普林斯顿大学以严谨之学风、求实之精神，坚持依据需要、立足现实、抓住优势、重点建设的原则；坚持“小而精”的

办学方针，以“小”为美、以“本”为念；不贪大求全，不盲目跟风。由于有了准确的定位，普林斯顿大学始终坚持自身优势——基础研究，坚持以高质量的本科生教育为重点，学生的录取率始终保持在17%以下，教授(非普通讲师)与学生的比例约为1∶5.9，这在美国大学也是很少见的。普林斯顿大学的严谨求实还体现在对学生的严格要求上。从招生到培养，普林斯顿大学对学生的要求都是极高的。普林斯顿大学录取学生并不仅仅靠成绩，而要看学生的能力与潜能，各种学术与非学术的兴趣，特殊技能与天资、经验、抱负和背景等因素都会列入考察范围。在普林斯顿大学，三、四年级的本科生都被要求从事独立研究，由教授负责进行一对一的指导。普林斯顿大学的教师也有意识地吸收本科生参与正式的科研计划，使他们有机会接触其他高校通常仅限研究生使用的尖端设备。因而普林斯顿大学的本科生都后劲十足，严谨治学，不可急功近利，必须实事求是，还要坐得住冷板凳。这是大学教育所应具备和提倡的精神，更是立足学术研究的关键。

【著名教授】

余英时，著名历史学家，普林斯顿大学讲座教授，台湾中央研究院院士。2006年获得素有“人文社会科学领域的诺贝尔奖”之称的“约翰·克鲁格终身成就奖”。

学术自由是动力

普林斯顿大学从建立的第一天起就将“学术自由”视为大学发展的核心动力。学术自由只有在宽容的学术环境中才能得以实现，包括制度环境和人文环境。应从各个方面保证从事学术研究的人能享有自由进行学术研究和交流的权利，为学者们提供时间和空间上的自由度。普林斯顿大学正是以其宽容的性格和海纳百川的博大胸怀广纳贤才，招揽了各个领域的奇才怪客、科学狂人。普林斯顿大学的学生也是非常国际化的，分别来自全美50 个州及世界60多个国家。外籍研究生约占研究生总数的35%。在这里各种信仰的人和谐相处，处处洋溢着自由与宽容的学术气氛。

学术自由在普林斯顿大学不仅体现为意识形态的兼收并蓄，更体现在对于急功近利思想的摒弃和对人才的极度宽容上。数学天才纳什被认为孤僻、怪异、“目无尊长”。但当时的数学系主任莱夫谢茨并不因此排斥他，还为他争取到了奖学金。21岁纳什就提出了以他的名字命名的均衡理论，但后来却得了妄想性精神病。普林斯顿大学给予了他极大的宽容和关怀，纳什渐渐恢复并于1994因博弈论获得了诺贝尔经济学奖，该理论几乎动摇了亚当·斯密的“无形的手”原理。

制度保障是根本

普林斯顿大学之所以能够人才辈出、声名远播，不仅要归功于其严谨的学风和自由的学术传统，还因为有制度、机制和方法措施的保障。制度保障是严谨的学风得以坚持、自由的学术传统得以发扬的根本保证。

终身教授评定制。采用严格的程序评定为终身教授后，就没有被解雇的危险了，教授们可以在宽松的环境中悉心教学、潜心研究。由于没有各种行政工作压身，也不用处处受限，因此有利于全心地投入研究工作。

导修制。教授对每位学生进行个别辅导。教授与学生一起围绕课程与阅读自由讨论，在增进知识的同时密切了师生关系。

荣誉制度。普林斯顿大学从1893年起实行荣誉制度。学生参加书面考试都没有监考，通过遵守荣誉誓约，使学生们保证诚信并对自己的行为负责。

【杰出校友】

埃德温·麦克米兰，普林斯顿大学1933届物理学博士，1951年，获得诺贝尔化学奖。

全额奖学金制度。作为一所高水平的私立大学，普林斯顿大学的学费是高昂的。但为了得天下英才，普林斯顿大学于1998年宣布，凡是家庭收入低于46 500美元的学生，其贷款全部用奖学金代替。2001年，普林斯顿大学把这一政策覆盖到所有学生："只要你是优秀的，付学费不用顾虑。"贷款上学在普林斯顿大学从此消失。在美国的名校中，普林斯顿大学的奖学金最高，普及面也最宽。学生免除经济压力的忧虑，更能专心进行学习和研究。

与时俱进是要求

坚持传统而不故步自封；拒绝浮躁而又锐意进取；外塑"美丽容颜"而又内修"美丽心灵"正是普林斯顿大学的魅力所在。近年来，普林斯顿大学在保证质量的前提下，逐步扩大招生数量，在发挥传统优势的同时也注重

紧跟新科技发展潮流。随着基因组研究成为科研领域的新热点，学校正在积极筹建新的基因组学中心，并打算由普林斯顿大学现任校长、分子生物学家谢莉·蒂尔曼亲自担任主任。

秉承重学术、重质量的优良传统，普林斯顿大学以严谨求实的办学态度和治学之道，弘扬学术自由的大学精神，提供制度机制的保障，与时俱进、开拓进取，使普林斯顿大学在世界一流大学中处于不败之地。

普林斯顿大学小百科

普林斯顿大学提供研究生的学位(特别是博士学位)，在很多学科都是最优秀的专业；包括数学、物理、经济学、历史和哲学。但是，不像其他大学，普林斯顿大学并没有广泛的研究生研究学院。比如，普林斯顿大学没有法学院或者商学院。普林斯顿大学最有名的专业学院是伍德罗·威尔逊公共和国际关系学院(Woodrow Wilson School of Public and International Affairs)，创建于 1930 年，原名为公共和国际关系学院，1948 年改为现名。普林斯顿大学也提供工程和建筑学的研究生课程。

第四课　普林斯顿大学名人榜——本·伯南克

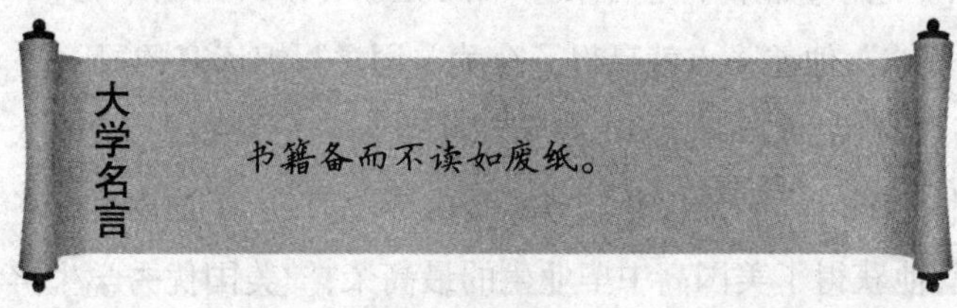

伯南克在普林斯顿大学任教17年，曾担任经济学系主任。从1987年起成为美联储访问学者，期间1987年至1989年在费城联邦储备银行、1989年至1990年在波士顿联邦储备银行、1990年至1991 年与1994年至1996年两次就职于纽约联邦储备银行；2002年被布什任命为美联储理事。2005年6月，担任总统经济顾问委员会主席。10月被任命为下任美国联邦储备局主席，接替格林斯潘。2006年2月1日接任格林斯潘出任美联储主席。

1953年12月13日出生于美国佐治亚州的奥古斯塔，1975年获得哈佛大学经

【杰出校友】

里查德·斯莫里(Richard Smalley),普林斯顿大学1974届博士,1996年,获得诺贝尔化学奖,经济学奖。

济学学士学位,1979年获得麻省理工学院博士学位。2005年6月,伯南克担任总统经济顾问委员会主席。2009年12月,伯南克当选美国《时代》周刊2009年年度人物。2010年1月28日,获得美国国会参议院最终投票确认连任,2010年2月1日到任,任期4年。

1953年12月13日,本·伯南克出生于美国佐治亚州的奥古斯塔,在南卡罗来纳州一个名叫狄龙的小村子长大,父亲是当地的药剂师。伯南克小时候就表现出了自己在智力方面的潜质,小学六年级时赢得南卡罗来纳州拼字比赛冠军,如果不是后来在“edelweiss”(高山火绒草)这个单词中多加了一个“i”,他差一点就赢得了全美单词拼写锦标赛的冠军。

在高中时代,他就是加州SAT考试年度最高分获得者,大学入学考试成绩达到1590分,离满分仅差10分。高中毕业时,由于伯南克在各方面的优秀表现,他获得了美国高中毕业生的最高荣誉“美国优秀学生奖学金”。

1975年,伯南克在哈佛大学获得经济学最优等成绩,并于1979年在麻省理工学院(MIT)获得博士学位。在麻省理工学院攻读博士学位时,伯南克最感兴趣的有两件事:美国20世纪30年代的经济大萧条和波士顿红袜棒球队。“进入麻省理工后的第一个秋季,我逃了许多堂课,就为了看棒球联赛。”伯南克回忆说。那一年,波士顿红袜队输掉了比赛,他至今仍为此伤心。同时,伯南克对美国经济大萧条的浓厚兴趣使他潜心思考和研究大萧条的原因,并开始长期关注通货紧缩对经济所构成的威胁。

伯南克的大部分生活都与校园紧密联系在一起。完成学业后,他直接把身份转换成了教师从事学术工作。1979—1983年,本·伯南克博士担任斯坦福大学研究生院经济学助理教授;1983—1985年,他担任斯坦福大学研究生院经济学副教授。这期间,他发表了一篇影响深远的论文,分析了20世纪30年代美国经济发展停滞的根源所在。他并不重视美联储允许货币供应下降而造成的损害,而是将关注重点转移至美金融系统失灵的问题上。

【杰出校友】

加里·贝克尔（Gary S.Becker）美国著名的经济学家，以研究微观经济理论而著称。1992年，他因“把微观经济分析的领域推广到包括非市场行为的人类行为和相互作用的广阔领域”而获得诺贝尔经济学奖。

1985年，本·伯南克博士转到普林斯顿大学担任经济和政治事务教授；1996—2002年，他出任普林斯顿大学经济系主任，为这所名校吸引了不少经济学人才。在普林斯顿大学任经济系主任期间，伯南克除在学术方面颇有建树外，在协调人际关系方面也显露了天赋。他从不认为自己比同事们更聪明或者职权更大，而是习惯于倾听不同的声音。他也从不参与政治纷争。在从事教学活动期间，本·伯南克博士还是麻省理工学院经济学访问教授(1989—1990)、纽约大学经济学访问教授(1993)。

2002年8月5日，本·伯南克博士进入美联储，作为决策委员会的候选成员，并于2003 年11月14日被推选为美联储委员会正式委员。2005年6月，伯南克担任总统经济顾问委员会主席。但是其实，早在正式进入美联储之前，本·伯南克博士就已经担任过一些美联储的职务，他是费拉德尔菲亚联邦储备银行(1987—1989)、波士顿联邦储备银行(1989—1990)和纽约联邦储备银行的访问学者，此外，他还是纽约联邦储备银行学术顾问小组的成员。

2011年11月，据美国《福布斯》杂志报道，福布斯2011年度全球最有权力人物榜日前揭晓，负责监管世界最大经济体货币政策的美联储主席伯南克位列第八。

学术成就

在2002年之前，伯南克全部职业生涯都是在学术界度过的，学术成果丰硕，其中最有名的是他与合作者在一篇展望格林斯潘之后美联储政策的评论文章中，提出要给通货膨胀设定一个量化的控制目标，在一定时期内

使通货膨胀率保持在特定的水平，以便引导公众预期。

伯南克博士主要著作包括货币和宏观经济学，他出版过两本教材。他获得过古根海姆和斯隆奖学金。他是美国计量经济学会和美国艺术与科学学会的会员。伯南克博士曾担任美国经济研究局货币经济计划主任，也曾担任美国经济研究局商业周期协调委员会成员。2001年7月，他被任命为《美国经济评论》编辑。此外，他还担任过一些民间和专业组织的工作，如出任纽约蒙哥马利小镇教育委员会的成员等。

主要著作

《微观经济学原理》一书的特色是摒弃了以往教材对数学推导的过度依赖，更多地通过范例给出直观的经济学概念和观点。作者引入了一些核心原理，然后通过大量的事例给予说明，应用为数不多的核心原理解释绝大部分经济现象。书中还配有与这些原理相关的问题和练习题，以供学生课后练习使用。正是通过对这些原理近乎不厌其烦地分析与应用，以确保大多数学生在学完这门课程时能够对它们有深刻的理解并能扎实地掌握，相比之下，传统的百科全书式教科书使学生陷于众多复杂烦锁的细节知识中，以至于学生在结束课程之后，无法做到学以致用。

本书的另一特色是加强了对学生的经济学应用能力的培养，重视调动学习的主动性与积极性，鼓励读者用基本的经济学原理和解释发生在自己周围的一些实际问题。作为微观经济学入门水平的教材，它体现微观经济学的现代特征，并拥有相关网站支持，适合大专院校经济管理各相关专业使用，也可作为普通读者了解微观经济学的读物。

《宏观经济学原理》这本教材涵盖宏观经济所有内容，不仅对古典框架和凯恩斯主义框架的宏观经济经典理论分别有详细阐述，而且对宏观经济学发展过程中的重要议题和数据的讨论都有描

【杰出校友】

尤金·奥尼尔（Eugene O’Neill，1888–1953年）美国著名剧作家，表现主义文学的代表作家，美国民族戏剧的奠基人。主要作品有《琼斯皇》《毛猿》《天边外》《悲悼》等。他一生共4次获普利策奖，并于1936年获诺贝尔文学奖。

述。这本书和其他宏观经济学教材的最大不同在于,它以现代、应用性的视角对经典的理论予以回顾，对整个宏观经济领域都有深入浅出的描述。灵活的章节设定可以让老师们根据课时需要而加以选择;每个章节后面对概念和框架的小总结,可以帮助学生们梳理思路。另外、课后练习可以让学生们分析些真实数据而增强对宏观经济的感觉,这些数据也是实际经济生活中政策制定者、经济学家、政府官员们用到的数据。这本书非常经典、通俗易懂,是一本理解现代宏观经济的参考书。了解经济学的人就会选择读这本书。

《通货膨胀目标制:国际经验》这本书由伯南克等人根据20世纪90年代以来一些实行通货膨胀目标制的国家的经验提炼而成。它以案例研究的方式，对这些国家在实行通货膨胀目标制过程中面临的重大宏观经济问题进行了深入的分析，对货币政策的决策和执行的经验做了系统的总结。通过这样一个分析视角,我们对货币政策能做什么和不能做什么,以及如何运作,就有了具体而微的理解。

北京时间2009年12月16日,美国《时代》周刊宣布美联储主席本·伯南克当选2009年年度人物。伯南克被认为处理金融危机措施得当,成功避免通货紧缩。《时代》周刊给出伯南克当选的理由是,在金融危机乃至经济危机的背景下,他以“富于创意的领导能力”,令情况没变得“更糟”。周刊总编辑理查德·施滕格尔在杂志网站发表声明说:“衰退是年度故事。如果没有伯南克，情况本会更糟。”资深记者迈克尔·格伦沃尔德说,伯南克“以创意领导帮助确保2009年成为虚弱复苏而非灾难性衰退之年”,“对金钱、职业、储蓄和国家未来具有无可比拟的支配

【杰出校友】

理查德·费曼 Richard Feynman(1918年5月11日—1988年2月15日)。美国著名的物理学家。1965年诺贝尔物理学奖得主。他提出的费曼图、费曼规则和重正化的计算方法,是研究量子电动力学和粒子物理学不可缺少的工具。

力”,是“引领世界最重要经济体的最重要选手”。

当选理事

当伯南克2002年被布什选为美联储理事的时候,他显得有些惶恐,不过这显然情有可原:他在普林斯顿大学的好友兼同事、经济学家艾伦·布林德此前在美联储副主席的职位上只待了两年,就因为和格林斯潘意见不合而走人,重新回到了学术界。

在离开学术界进入美联储以来的近三年里,伯南克更多的仍然是表现出了自己的学者风范,而不像是一个体制内的政治决策者。凭借着自己脑子里的诸多新想法,他很快就为自己赢得了“个人创意工厂”的称号。他的自由思想方式在那些早就习惯了美联储高度谨慎行事风格的银行家和投资者中很受欢迎。

不过令人惊奇的是,虽然伯南克的思维非常独立和活跃,但美联储此时表现出了更大的宽容。在2004年一次采访中,伯南克表示:“我认为,我的很大一部分贡献,是我作为一名学术界人士、一名智囊人员所做出的。美联储里没有人试图来协调我的观点,也没有人叫我闭嘴。”在进入美联储后,伯南克迅速展示了自己善于引导市场和决策层就某一焦点问题展开辩论的才能。2002年冬,美国经济界开始担忧通货膨胀的危险,他此时就出面暗示,美联储可能采用包括印发更多货币等非常规措施,来制止通货膨胀的出现。此言一出,立即引起了金融市场的高度关注。汇丰银行首席经济学家斯蒂芬·金评价说:“伯南克关于非常规货币政策的讲话非常重要,因为它是在向市场保证,美联储将采取一切必要手段。”

2005年初,世界金融市

场再次将注意力投向伯南克的“世界正在遭受储蓄过剩煎熬”的经济新理论。他在这一理论中指出，美国的经常性账目逆差并不是美国人肆意挥霍消费的恶果，而是世界其他地区国家过分节俭的结果。伯南克的这一新理论已经成为本年度经济界争论的一大焦点。同时，伯南克在美联储中也以自己支持设立通货膨胀目标的坚定立场而出名，在这一点上，他少见地和美联储主席格林斯潘意见相左。

【杰出校友】

彭齐亚斯，1964年，彭齐亚斯和同在贝尔电话公司工作的威尔逊使用一具为早期通信卫星设计的天线，接收到了来自天空的均匀、且不随时间变化的信号。宇宙微波背景辐射的发现为宇宙大爆炸理论提供了有力证据。彭齐亚斯和威尔逊也因此获得1978年诺贝尔物理学奖。

在美联储工作期间，伯南克以善于合作、为人坦诚而深受同事的赞赏。他习惯运用其学术背景和对最新数据的缜密分析来解决当下的经济问题，然后用非专业人士也能理解的语言让人们了解他的想法，把复杂的经济问题讲得通俗易懂、直截了当。一位同僚这样概括未来的主席：“他性格有点腼腆，平常衣着朴素，与布什在高层经济决策职位上偏好选择的企业高级管理人士相比，他显得非常另类。”然而，这位一丝不苟的经济学家也会偶尔大发童真。今年早些时候，布什曾嘲笑到白宫椭圆形办公室参加会议的伯南克穿黑西装时居然穿着不配套的棕色袜子。第二天又有一个布什出席的会议，伯南克提前来到会议室，向其他的与会者每人发了一双棕色袜子。当布什驾到时，发现会议室里所有人都穿着棕色袜子。

政策主张

伯南克有一个绰号“印刷报纸的本”，这个绰号起源于他与格林斯潘在通货膨胀问题上的分歧，公众赐予伯南克这个雅号是基于他的一个观点：如果有需要，就可以通过大量印刷钞票的方法来增加流动性。但是，伯南克认为这个雅号曲解了他的本意，他主张设定一个明确的通胀目标，即要在一定时期内使通胀率保持在某个特定水平。他认为，这样做既可以引导市场对通货膨胀的预期，也有助于美联储提高其价格稳定目标的可信度。

2002—2003年，在解决美国的通货紧缩问题上，伯南克就已经在业界获得极大的知名度，他当时极力鼓吹降息，结果导致美国联邦基金利率下降到1%。对于石油价格的上升，伯南克认为，石油和其他常规能源供应吃紧且存在着不确定性因素，而全球经济的快速扩张带来需求的增长，在这种局面下，能源消费者可能在今后几年内感受到沉重的压力。虽然从长期来讲，能源价格的上涨有可能致使经济增长放缓，但我们认为，已然居高不下的油价不大可能进一步大幅上涨，因此油价对经济的长期影响应该在可控制范围内。

关于美国的“双赤字”问题，伯南克认为，美国外债膨胀的一个主要原因是“发展中国家和新兴市场国家经常项目的实质性转变”，这种转变将这些国家从国际资本市场上的借款者变成净放款者。穷国的钱对美国经常项目赤字起到推波助澜的作用。关于“全球储蓄过剩”与房地产泡沫，伯南克指出，在经历低迷后的世界经济复苏后，企业投资欲望低迷，而大量的金融资产在国际上到处寻找投资目标，美国乃至多国股市的崩盘仍使不少资金持有者心有余悸，于是，住宅房地产便成为最受青睐的投资领域

之一。资金进入美国后，首先抬升股价，从而既鼓励消费者也鼓励投资者。当股市资金充溢时，这些资金又转向债券市场，导致房价上升，消费更加活跃。

【杰出校友】

约瑟夫·胡顿·泰勒（Joseph Hooton Taylor），美国物理学家，他和拉塞尔·艾伦·赫尔斯共同发现史上第一个位于双星系统脉冲星PSR B1913+16，并通过对其深入研究首次发现引力波存在的间接定量证据，是对爱因斯坦广义相对论的一项重要验证。泰勒也因此和赫尔斯一同获得1993年诺贝尔物理学奖。

南克还有一个理论贡献，就是主张在宏观经济模型中加入更多的经济指标来决定货币政策的取向，以便实现更加有效的经济稳定。并且，他也撰写了大量的论文来说明他设计的一些方法。

决策言论

2010年10月15日，美联储主席表示，因为通胀率仍然过低，同时失业率居高不下，美联储准备采取新的行动，以刺激疲软的经济，在波士顿联邦储备银行发表的讲话中，伯南克阐述了采取新一轮非常规经济刺激措施的理由。伯南克明确指出，通货膨胀低于美联储的目标运行，是采取更多的措施刺激经济的首要原因。

财权双收

美联储7月31日公布的年度财务信息报告显示，2009伯南克的个人资产增长了31%，达到248万美元。好事成双，就在前不久奥巴马总统签署的金融监管新法案中，美联储的权力得到了前所未有的扩充。而让伯南克喜出望外的是，美联储今后在行使对大型金融机构监管权的同时，原有的独立货币政策没有受到丝毫的削弱和损伤。

现年59岁的伯南克2006年接替

格林斯潘出任美联储主席，并在2010年2月获得总统提名而开始四年的连任。伯南克在小学六年级时就赢得了洲际拼字比赛冠军，大学入学考试成绩离满分仅差10分而被哈佛大学录取；在哈佛，伯南克的经济学学习成绩总是排名第一，并于四年之后顺利进入麻省理工攻读博士。不出老师和同学的意料之外，喜欢读书的伯南克博士毕业之后选择了留校执教，而且在普林斯顿大学一干就是17年。

在担任普林斯顿大学教授和经济学系主任期间，以货币政策和宏观经济史为研究方向的伯南克曾编著《宏观经济学原理》和《微观经济学原理》等教材，在这些著作中，伯南克主张设定一个明确的通胀目标，即要在一定时期内使通胀率保持在某个特定水平，以引导市场对通货膨胀的预期，同时有助于美联储提高其价格稳定目标的可信度。与此同时，伯南克主张在宏观经济模型中加入更多的经济指标来决定货币政策的取向，以便实现更加有效的经济稳定。这些学术成就不仅造就了伯南克知名宏观经济学家的地位，而且赢得了美联储的赏识。

在1987年成为美联储的访问学者后，伯南克就再也没有离开过金融管理岗位。由于从费城联邦储备银行到纽约联邦储备银行达10年的实际工作经验积累，加上斐然的学术成就背景，伯南克在2002年被选拔为美联储委员会成员，3年之后，接替格林斯潘出任美联储主席。不过，伯南克并没有能像前任那样赶上美国经济大红大紫时的幸运，反而在任职不久即遭遇到了百年一遇的金融危机。

伯南克挂帅的美联储在金融海啸之中扬起了宽松货币政策的樯橹。短短15个月内，伯南克将联邦基准利率从5.25%降至0，同时大胆进行公开市场操作注入流动性。不仅如此，伯南克力谏国会通过了7000亿美元的大规模救市计划，并在危机之后力举强化对金融机构的监管，使得号称美国历史上最严厉的金融监管法案尘埃落定。虽然这些激进

【杰出校友】

崔琦，美籍华人，普林斯顿大学电子工程系教授，从事电子研究工作，成就斐然。1998年10月13日瑞典皇家科学院授予其诺贝尔物理学奖。他是继杨振宁、李政道、丁肇中、朱棣文等人之后，第7位获得诺贝尔奖的华裔。

的政策主张让伯南克招来了许多诟病，却让美国经济“避免了另一次大萧条”。为此，伯南克被美国《时代》周刊推选为2009年度人物，美国国会在去年也给予了伯南克19.67万美元的最高奖金。

【教学特色】

普林斯顿大学重视基础研究，不贪大求全。二战后一度被称为世界“数学之都”的普林斯顿大学，迄今仍保持着这一名望。其物理学研究也处于一流水平。

当然，领过奖之后的伯南克还须面对如今美国经济的现实。目前的美国经济形势异常不明朗。总体经济会持续复苏，但是复苏步伐却非常缓慢，即便是在通胀还是通缩的问题上，美联储也没有太明晰的判断。正因如此，在前不久国会听证会上，伯南克坦承对下一步的政策难以把握。不过，话虽这么说，伯南克还是要做出对政策方向的明确选择。

外界评论

首先，伯南克承认美联储“调低了其对经济增长可能速度的预期”。自然，伯南克并未对最初过于乐观表示歉意，不过美联储对于预测失误的借口令人意外。要怪就怪银行吧。按照伯南克的说法，“金融压力”显著拖累了经济，而“金融机构承受的财务压力”正在影响放贷。真的吗?除了美国银行(Bank of America)最近的穷折腾，金融业的状况称得上颇为健康。在美国联邦存款保险公司(FDIC)覆盖的7513家银行中，上一季度的净利润同比提高了1/3，实现盈利的金融机构的比例增加了6个百分点，达到85%。在此期间贷款总量保持稳定，这实在不算是灾难。此外，银行业还表示乐于放款，只是没有需求。伯南克还批评，房屋价格不振是经济增长一直迟缓的原因之一。然而这远非意外。

【杰出校友】

戴维·格娄斯，美国理论物理学家，圣塔巴巴拉理论物理研究所教授。他受业于伯克利加州大学的乔弗利·丘教授。在任教于普林斯顿大学期间，他和他的学生弗朗克·韦尔切克发现了量子色动力学中的渐近自由，由此他们与戴维·普利泽一同分享了2004年度的诺贝尔物理学奖。

伯南克讲话透露出的第二点信息是，除了设置稳定的低利率之外，显然“支撑经济长期有力增长的多数经济政策并不在央行的职权范围”。美联储的确不能包办所有事，但此话让人不满，因为它没有提到美联储很可能已经以某种方式伤害了长期增长：忽视资产泡沫。虽然伯南克对此只字未提，但他说了很多。

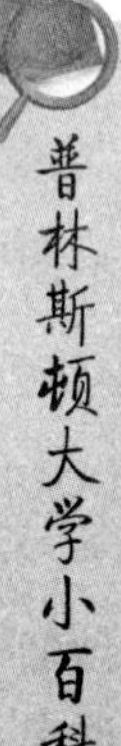

普林斯顿大学以重质量、重研究、重理论的传统享誉世界，坚持学术至上原则，至今，学校没有开设社会上最热门的学科：法学、商学、医学，这与习俗追求以及社会时尚完全不同。普林斯顿大学的任何一个专业在全美大学都是名列前茅，你很难找出有哪个系不够好，她的数学、哲学和物理系尤其知名，历史、英语、政治和经济系也在学术界备受推崇。

第四章　自由的学术氛围

精神氛围是一种无形存在体，无法看到，却能够感受到它的存在，受到它的影响。普林斯顿大学是宽松的、宽容的。这里容忍各种思想倾向和宗教信仰，接纳各种思想和学说。

第一课　一流的学术

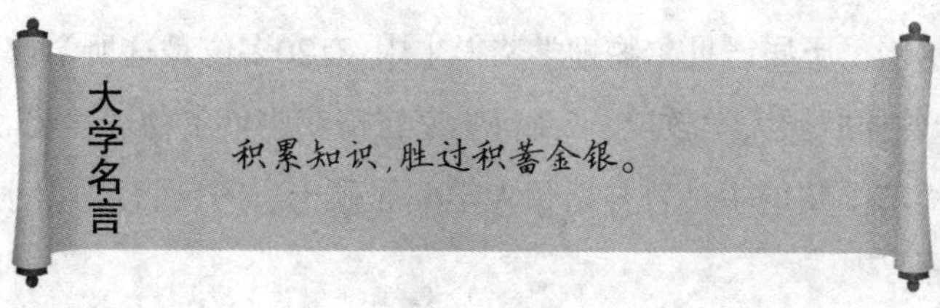

普林斯顿大学创立于1746年，是目前美国最著名大学之一，与哈佛、耶鲁并称“常春藤三巨头”，该校教学严谨，师资力量强，众多科学家就是在这座学府中造就的。普林斯顿大学的教授和校友中有31位获得诺贝尔奖，有15位教授荣获美国国家科学奖。中国的著名科学家华罗庚、姜伯驹、陈省声、李政道、杨振宁都曾担任过普大的高级研究员。

作为全美最古老的第四个学府，普林斯顿大学在学术和资源方面都名列前茅。它拥有著名的教授学者，数量巨大的校友捐款，世界领先的核能实验室，以及450万册图书，威尔逊公共及国际事务学院长期以来保持着培养政府官员的传统。特别出色的系有历史系、哲学系、英语

【杰出校友】

艾瑞克·威斯乔斯，(Eric F. Wieschaus,1947年6月8日—),美国发育生物学家,1995年获得诺贝尔生理学或医学奖。1978年开始在欧洲分子生物学实验室工作,1981年从海德堡搬到普林斯顿大学。主要研究果蝇胚胎发育。

系、数学系和物理系。这里成为不少美国优秀学生梦寐以求的求学之所。普林斯顿大学从2001至2008年,都被《美国新闻与世界报道》评为全国第一名。2011年,排名第二,仅次于哈佛大学。

1999—2000年度,该校只有学生6350名,其中4600名本科生,1750名研究生。但这所大学的师资实力却不亚于其他任何一所一流大学。现在任教的教师中有7位诺贝尔奖得主,历史上,普林斯顿大学校友中有30几位校友获得过诺贝尔奖。历届诺贝尔物理学奖得主中,有20多位是这所学校的教授。1998年,普林斯顿大学教授、华裔科学家崔琦获诺贝尔物理学奖。2000年,诺贝尔经济学奖得主是普林斯顿大学68届硕士、1971届哲学博士James J. Heckman。

全校只有5000多名本科生,1000多名教师, 也就是说教师和学生的比例达到了1：6,教师可以照顾到每个学生,而不会像一些大规模的公立大学,本科生可能都看不到教授的影子,更多是博士生或研究生在上课,即使在这样的比例之下,普林斯顿大学还有一个传统,就是每个星期,都有教授带领10～15个学生进行小班导修课讨论,能给学生更大的空间去理解课堂所学的理论,改填鸭灌输为头脑风暴,这种讨论也称导修制(Preceptorial),是学生不能逃课的。说来普林斯顿大学确实是学术的象牙塔,很多理论的研究完全没有考虑到现实的应用,先研究探讨结果再说,反正学校也确实有雄厚的资金实力支持。因此,学校的学科设置上,统统集中在基础性的学科,包括自然科学、社会科学和人文科学,全校仅有3所应用学院。

首先是1919年成立的"建筑学院",强调硬件规划、建筑环境、居民特色。其次是1921年设立的"工程与应用科学学院",下面有5个系——化学工程系、电子工程系、民用工程与操作研究系、电脑科学系、机械与航空工程系。最后,是1930年组建的"威尔逊公共和国际事务学院",纪念6年前病逝的美国前总统威尔逊博士。直到今天,普林斯顿大学只有这3个学院,其

他均为系建制。而资本主义社会最为繁荣的商学院、法学院、医学院，普林斯顿大学无意涉足，这自然放弃了三大集纳经费的重要来源，却使得校风纯朴依然。如果是在一般的学校，特别是在天朝，这三个应用学院中的每个系都能单拉出来成立学院，到市场上多多拉项目，多多赚钞票，教授非常忙，顾不上教学生。感慨于普林斯顿大学的学术精神和自身对这种大学的无限喜爱，到网站上仔细查找了研究生的专业设置和录取要求，然后我又被打击了。研究生的专业方向和本科大致相同，集中于基础学科的研究，而非应用科学。

为了使“投入”转化为源源不断的“产出”，普林斯顿大学建立了必要的保障制度和运作机制。例如，在教学方面它采取了以下措施：(1)独立工作。普林斯顿大学教育的特点是，要求学生在本科阶段就从事独立的研究工作。(2)海外研修项目。1999年，来自21个院、系的学生被派到非洲、亚洲、中南美洲、欧洲完成海外研究课题。(3)导师辅导制。除上大课外，10~12个人编成一个小组，由教授对学生个别辅导。(4)荣誉制度。学生参与的所有书面考试都在荣誉制度下进行，也就是说，没有老师监考。通过制定的荣誉誓约，学生们保证不作弊，并对每次考试的结果负责。(5)学生住宿制。普林斯顿大学为所有的本科生提供住宿。每个住宿学院都利用课余时间组织各种活动，其中有学术性的，有教育性的，也有文娱性的，使学生的德智体各方面都得到更好的发展。

普林斯顿大学是一所有260多年历史的大学，如今又是一所著名的研究型大学，这里曾产生过两位美国总统，上千名参众议员和政府高官，还有30多位诺贝尔奖得主。你认为普林斯

【发展历史】

由曙光长老会创立的普林斯顿大学原本是为培养长老而建立的。起初校址设在新泽西州伊丽莎白镇，校长为乔纳森·迪肯逊，原校名新泽西学院。新泽西学院第二任校长是老阿伦·布尔，第三任是乔纳森·爱德华兹。1756年，新泽西学院迁到了普林斯顿。

> 【教学特色】
>
> 普林斯顿大学在生态学和进化生物学领域，一些普林斯顿大学的研究人员凭借扎实的数学功底开展理论生物学研究，形成了自己的专业特色。

顿大学最大的力量来自哪里？

学校的力量一方面取决于高素质的教师和学生，他们是互相吸引的。那些非常优秀的学生相信他们可以从大学教授那里学到东西，而杰出的教授也愿意和那些聪明的学生分享智慧。整个校园的师生相得益彰。至于管理方面，普林斯顿大学非常注重培养学生的领导气质，在招收学生的时候，就考虑到他们的潜在领导能力。判断一个18岁学生的潜力并不容易，但学校通过非常谨慎的筛选程序，通常在招生时就会发现“有性格的”学生，并在之后的教学中不断强化他们成为未来优秀领导人的素质。

美国大学的年度评估，有固定的评估程序和计分方法，主要看以下五个方面：

一、学界权威的“公众评估”。此项分值占总分的1/4，由美国学术和教育界权威人士来为各个学校的学术成果评分，分数从1分到最高的5分；

二、学生完成学业、拿到学位的比率。在所有的大学中，普林斯顿大学最能留住学生，充分显示其不凡魅力；

三、师资力量、教师学历及薪金等。教师队伍是大学的支柱，教授的水平往往可以反映一个学校的实力；

四、学生来源。统计各大学中重点中学毕业生的概率。学校的希望在于学生。从美国著名的重点中学毕业的优秀学生，当然

为自己的大学添光加彩了;

五、资金状况。对比各大学2000到2001年财政年度中,花费在教学、科研、学生服务等方面的资金情况。

在严格的评判标准之下,普林斯顿大学因为综合实力最强,再次成为《美国新闻与世界报道》公布的"美国最好的大学"。

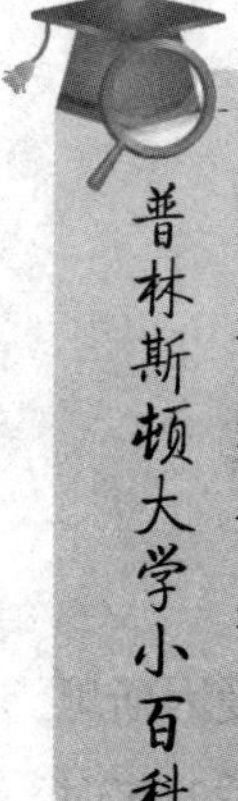

普林斯顿大学提供两个主要的本科课程:艺术学士(A.B.)与科学和工程学士(B.S.E.)。按照传统,人类学课程学生可选讨论研究课程或者一周两次的课程,以及一个另外的讨论研究课程,叫作"preceptoria",简称 "precept"。这个系统由时任普林斯顿大学校长的伍德罗·威尔逊指定。

第二课　保守与开放相伴

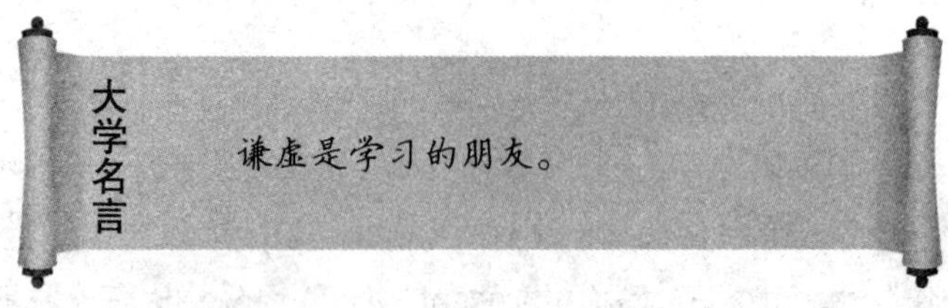

普林斯顿大学是一个充满人性的大学。当年受纳粹迫害的爱因斯坦作为该校研究院的第一批教授，快乐地在这里度过了人生的最后22年时光。在天才数学家纳什患了严重的精神分裂症，几乎没有任何治愈希望的时候，普林斯顿大学接纳了他，让其安心在校园静养并给予极大的关爱，终于使他在与疾病抗争了30年后康复并获得了诺贝尔经济学奖。安德鲁·怀尔斯教授九年没有写出一篇论文，作为一个孤独的战士，埋头苦干，潜心研究。作为大学，普林斯顿大学并没有因为怀尔斯九年来没有什么作为而难为他，反而更加关爱。正是这种学术

上的宽容和人文上的博爱,使怀尔斯历时九年以130页长的篇幅完成了三个多世纪以来一代又一代数学家前赴后继却壮志未酬的事业:证明了费尔马大定理,获得了历史上唯一的菲尔兹特别成就奖。

学校把学生的发展当成学校生存和发展的第一要务。普林斯顿大学的入学竞争十分强烈,每个考生都要经过单独审查,个别谈话。和有些贵族大学不同,这里不重视学生的家庭背景,主要看学生的学业成绩和本人的素质。它的招生口号是:"只要是优秀的,付学费不用顾虑。"不像其他大学那样将沉重的贷款包袱加在学生身上,而是用收到的捐款爽快地减免贫困学生的学费,所以普大在2001年成了全美第一所"无贷款"的学校。

为了使自己的学生受到实实在在的教育,1902年,后来成为美国总统的伍德罗·威尔逊就任校长时制定了"导修制",给学生以更大的空间去理解、巩固所学的知识。在办学指导思想上,普大坚持非常严格的本科生教育和非常学术化的研究生教育。为了把这两件事情做到极致,普大至今不设商学院、法学院和医学院,这在美国高校中绝无仅有。正是由于规模不大,学科不全成就了普林斯顿大学独特的优势。

普林斯顿大学设立的学术规范标准严格程度远远超出美国学术界一般约定俗成的标准。本科生提交书面或口头学术成果的规范时,"在引文、意译、摘要、事实,信息和数据以及补充资料时,都需要标明引用来源。"在普林斯顿大学看来,不知不觉复写原文绝不是令人信服的解释。

因为研究者有责任在阅读资料时做好恰当记录,以免发生引用别人资料却无法标明出处的情况。"引用论点与论据"标准规定:"任何借用的论点和论据都要以脚注的方式说明出处,即使这些论点或论据已被转述的作者做了更深入地阐述,学生如在准备自己的论文时参照了同一选题的其他学生的论文或笔记,就有必要就该事

【文化传统】

1869年,普林斯顿和罗格斯的校队之间进行了历史上第一场各个校队之间的橄榄球比赛,普林斯顿队以4比6败北。普林斯顿与耶鲁之间自1873年以来的对抗是美国历史上第二悠久的。近来,普林斯顿的男子篮球、男女长曲棍球(Lacrosse)以及女子赛艇上取得了长足的进步。

件进行声明。”

培养学生的人文精神，应该是高等教育的一个永恒的主题。真正的高等教育，是有特色的教育，是以人为本，以学生为本的教育。

普林斯顿大学，是多年名列美国榜首的世界顶尖大学（在哈佛后名列第二），她不仅有恬静的校园和优美大楼，更充满着大师和“大爱”：她只有6500名学生，不算大，又没有医学院，也不是综合性大学。正是因为她的宽容和“大爱”，安德鲁·怀尔斯教授才有可能9年不出一篇论文，埋头苦干、静心研究，解决了困扰世界数学界长达360余年的一大难题——费尔马大定理，她也允许患有精神病的天才数学家约翰·纳什静心地生活在校园内，并给予极大的关爱，终于使他在与疾病搏斗30年后获得了诺贝尔经济学奖，充分体现了人类应该具有的“美丽心灵”。这恐怕就是普林斯顿大学成为美国第一大学的真谛！

清华大学前校长梅贻琦先生曾说过，所谓大学者，非谓有大楼之谓也，有大师之谓也。普林斯顿大学是如何广集大师的呢？其一，普林斯顿大学远离城市的喧嚣，拥有着迷人的田园风光；其二，她筹款有道，资金充

裕;其三,教师聘任制度完善;更重要的是,这所大学的性格吸引了世界一流的科学大师和天才学生。

普林斯顿大学的性格是宽容大度的,她包容别人的个性甚至缺点。普林斯顿大学以人为本,处处洋溢着一种宽容的气氛。在这里,各种信仰的人和谐相处。这种不拘泥于意识形态与宗教信仰的广阔胸怀,使普林斯顿大学得以接纳各个领域的奇才怪客、科学狂人。

普林斯顿大学的宽容,除了体现在对意识形态的兼收并蓄上,而且还体现在对急功近利思想的摒弃和对人才的管理和应用上。对于精神失常的纳什,普林斯顿大学给予了他极大的宽容,"随他穿着不合身的衣服在图书馆看书或在校园里徘徊,还筹集资金为他治病,并提供了一个为期一年的研究数学兼讲师的职位"。这一切,都非常利于纳什恢复正常,并以"博弈论"获得诺贝尔奖。而1985年当上普林斯顿大学教授的安德鲁·怀尔斯,在此后的九年里没有一篇论文发表。

是的,十年磨一剑,普林斯顿大学是追求自由的,她制定了一系列制度和组织方式来确保学术自由、个性自由,并将这些制度付诸实施。在普林斯顿大学,没有人会感到自己的个性受到了压抑,自己的抱负难以实现,自己的学术操守遭到外界压力的挑战而不得不妥协。

在这里,教师们静心地研究课题,悉心地教授学生,并热心地参与学校管理。而学校在有关教学、科研和学生管理等问题上,从来都是同教师们经过反复讨论协商后才作决策。全体教师,包括校长等各级管理人员在对重大问题的决策上均享有充分平等的权利。

她们遵从大学是属于教师的,大学的一切事务应当由学校自己单独决定的原则,在这里,20世纪最伟大的科学家爱因斯坦,快乐地度过了他人生的最后20余年。他说:我舒服得像一头冬眠的熊!马克·吐温也说过:普

【文化传统】

来自普林斯顿大学的American Whig Cliosophic辩论队是世界上最好的之一。这个辩论队是美国议会辩论协会(APDA)的成员之一,也曾经主办过世界大学辩论比赛(World Universities Debating Championships)。

林斯顿实际上比天堂更适合我。

普林斯顿的胸怀是宽广的。不管国籍、种族，只要你是优秀的，普林斯顿就会想方设法把你“抢”过来。为了得“天下英才而教育之”，1998年，普林斯顿大学宣布，凡是家庭收入低于46500美元的学生，其贷款将全部用奖学金替代。2001年，普林斯顿大学索性把这一政策扩张覆盖到所有学生：只要你需要并有资格获得财政资助，你拿到的就全是奖学金，贷款上学在普林斯顿大学从此消失，这个计划等于给所有需要资助的学生提供免费的大学教育。

在美国名校中，普林斯顿大学的奖学金最高，普及面也最宽。在这里，约有51%的本科学生、90%的研究生都有奖学金，普林斯顿大学并不仅仅依靠成绩录取学生，她更看重学生的能力与潜能、各种学术与非学术的兴趣、特殊技能与天资、经验、抱负和背景等等因素。

普林斯顿大学在学术方面的特点就是全面，文理兼顾。在文科方面，普林斯顿大学的经济学、政治学、公共关系、历史学都是非常优秀的；在理科，普林斯顿大学的数学系、物理系都很有建树。尤其是物理系，因为爱因

斯坦在这里工作的22年而闻名遐迩。普林斯顿大学不同于美国其他大学，普林斯顿大学没有设立在其他大学中非常普遍的法学院、医学院、商学院。

普林斯顿大学260多年的建校史上曾吸引众多名人来此任教，如爱因斯坦、数学大师冯诺伊曼，华罗庚、李政道和杨振宁都曾任普林斯顿大学研究员。

普林斯顿大学小百科

普林斯顿大学图书馆目前有1100万藏书。主要的馆址燧石图书馆(Firestone Library)拥有超过600万册藏书。在燧石图书馆之外，许多独立的学科(包括建筑学、美术历史、东亚研究、工程、地质学、国际关系和公共政策，以及近东研究)也都有自己的图书馆。传统上，每个有历史的学科都在图书馆有自己单独的研究室，可供本系学生各自参考专业书籍和研究资料。

第三课　浓郁的文化氛围

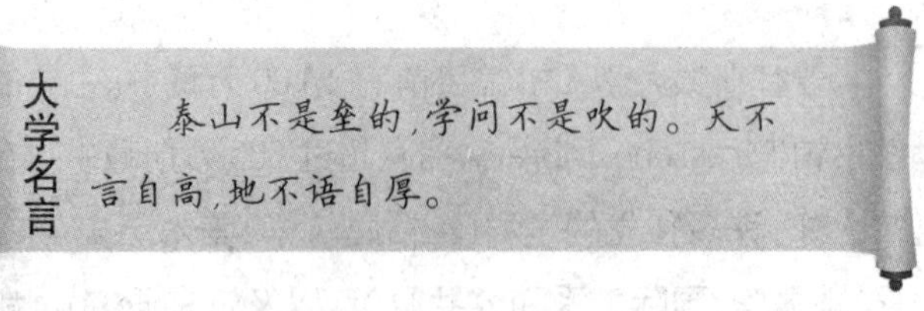

普林斯顿大学恬静而安详的生活，浓浓的文化氛围笼罩下的贵族气息，使其成为美国上层人士青睐的居住地。普林斯顿大学坚持自身优势，不贪大求全，至今没有设立法学院、医学院和商学院。它被誉为世界“数学之都”，物理学研究也处于一流水平。在坚持传统的同时，普林斯顿大学紧跟文化科技发展的潮流，始终占据着学术的前沿，成为世界各国众多学子理想的求学之所。

【课程设置】

普林斯顿大学文科加修科技总论和定量推理，理工科加修写作和外语。一年级就有教授和几名同学的小范围专题研讨，每门课程每周一定有一次讨论。本科生在三年级要独立完成一篇文章或一个研究课题，大四要写论文。

文化氛围是一种无形的存在，虽然你无法看到，但你可以感受到它的存在，并受到它的影响。“当他人在挣扎忍受之时，我却生活在如此平静的环境之中——我几乎都要自惭形秽了。”爱因斯坦这里所指的“平静的环境”就是他长期任教、代表着美国大

学教育和科研最高水平的普林斯顿大学。它得益于普林斯顿大学远离城市的小镇恬静风情，系统严格的学术训练和多姿多彩的大学生活所产生的综合效应。

【校园景观】

普林斯顿大学亚历山大会堂拥有世界一流音响效果的音乐厅。普林斯顿处于纽约和费城之间，是一座富有特点的乡村城市。方圆7平方公里的小城处在新泽西州西南的特拉华平原，东西方向分别有卡内基湖和特拉华河。

经过260多年的发展，普林斯顿大学从一所宗教教育机构成为世界一流大学，一直坚守小而精的办学传统，形成了自己独特的文化传统。它崇尚“为国家服务，为社会服务”，一直保持着欧式严谨的教育学风，通过创造一种平静的环境，营造了宽容与自由的氛围。

在普林斯顿大学，无论是教职工还是学生，将学校视为自己的事业，与其息息相关、休戚与共。马克·吐温曾经说过：“普林斯顿大学实际上比天堂更适合于我。”普林斯顿大学令人留恋、向往的，不仅是其一流的教学和研究，而且还在于它绝不仅仅是一个谋生的场所，也不仅仅是一个人文地理环境优裕的栖身之所，而是优雅、纯洁、充实的精神生活领地。

大学教育需要一种文化底蕴，普林斯顿大学远离都市的喧嚣，但并不让人感到寂寞，相反，它却有着强大的亲和力和吸引力，不仅美国各地的莘莘学子趋之若鹜，而且世界各地精英才子负笈而至。普林斯顿大学之所以能够群英荟萃、群贤毕至，其根本原因不外乎两条：第一，它有一流的学术；第二，它有产生一流学术的文化氛围。普林斯顿大学着力打造的“平静的环境”，既是师生安全、舒适的家园，又是师生砥砺学问、怡情养性的舞台。

爱国情怀

在建校初期，普林斯顿大学“标榜对所有信仰一视同仁”，培养思想开通的教士和牧师，而后普林斯顿大学的第六任校长威瑟斯庞的爱国情怀对普林斯顿大学的学生有着深刻的影响。1776年，在威瑟斯庞校长的号召下，许多学生积极参加独立战争。在《独立宣言》上签名的56人中，普林斯顿大学的学生就有9人，其中包括普林斯顿大学校友、美国第四任总统詹姆斯·麦迪逊，签名人数居各院校之首。在威瑟斯庞校长的任期内，普林斯顿大学培养出了39名众议员，21名参议员，12名州长，10名内阁成员，3名最高法院大法官，1位副总统，1位总统。1787年的立宪大会，55名代表中有9名是普林斯顿大学的校友，5人是威瑟斯庞校长的学生，参会代表也居各院校之首。这使普林斯顿大学获得了“美国革命摇篮”的美誉。大学不仅为他们提供了无与伦比的成长环境，而且大学所尊崇的教育价值对他们心灵和社会责任感的培育有着不可低估的影响。

1896年，在普林斯顿大学150周年校庆时，威尔逊教授作了著名的题为“普林斯顿——为国家服务”(Princeton in the Nation's Service)的讲演，他指出：“一所大学能在国家的历史上占一个位置，不是因为其学识，而是因为其服务精神。在我看来，大学如果要正确地服务于国家，那么其所有的课堂都应该有处理各种社会事务的氛围，学校必须成为国家的学校。”

威尔逊重点强调了它的特征是在美国独立战争的峥嵘岁月里形成的。这所学院始终是一所“富有使命感的学校”，而且它与革命事业之间的密切联系使它在服务于国家的过程中发挥了核心作用。明确地讲，这所学院是通过培养国家领导人的方式来为这个国家服务的。它所培养的是个人的品质和服务的理念。自此，“为国家服务”成为普林斯顿大学的非官方校训之一。1902年10月，威尔逊在他的就职演说中也提到：“学术机构不是为私人服务的，而是为公众服务的。”

在长期的历史发展中，普林斯顿大学以开放的胸怀，实践自己服务国家的文化传统。普林斯顿大学与美国联邦政府之间建立了一种相互依赖、相互合作的关系。普林斯顿大学成为政府基础科学研究的主要中心，特别是基础理论研究中取得了令人瞩目的成就。学校积极支持各院系与美国著名科研机构的合作，并利用校内研究设施开展校内合作，如美国地球流体力学研究院就坐落于普林斯顿大学校园内，研究院的相当一部分人员担任了地理物理系的客座教授，从而也提高了地球物理等专业的教育水平。

【校园景观】

普林斯顿大学的校址方圆2.4平方公里。校内有很多歌特复兴风格的建筑，大多数都是19世纪末20世纪初修建的。拿苏楼是校内的主行政楼，建于1756年，曾在1783年间短暂地被作为国会大厦使用。

面对信息化社会的到来，普林斯顿大学秉承其传统，在250周年校庆时进一步发展了其服务国家的教育理念，喊出了“为世界服务”的口号。作为一所著名的世界一流大学，普林斯顿大学在知识的生产、传播、教学和应用中扮演了不可替代的重要角色。每年学校都会发表数十项重要科研成果，为社会经济发展与科学文化进步做出了巨大的贡献。

给所有的学生都能拥有出国留学的经验提供机会是普林斯顿大学的目标。有两个核心计划是帮助本科生建立国际联系的：留学计划和国际实习计划。研究生和本科生还有有其他国际研究的机会，包括在国外独立研究的机会。普林斯顿大学同样支持对参与国外个人或集体项目感兴趣的学生。2009年秋季开始，探路者“大桥年计划”将挑选部分新生在国外公共服务一年，进一步凸显普林斯顿大学的非官方校训，“为国家服务，为世界服务”。这是把大学人凝聚成一个坚强的整体，为实现大学的崇高理想而顽强奋斗的巨大精神力量。

严谨的教育学风

普林斯顿大学治学严谨、一丝不苟的学风,让莘莘学子大受教益。严谨治学就是普林斯顿大学精英培育的法则，为了坚持严谨治学的办学态度和教育理念,普林斯顿大学失去了很多,但同样也为自己赢得了更多的赞誉和成就。

早在1756年，为了躲避城市的喧嚣和各种诱惑可能给学生带来的不利影响,大学迁到了环境幽雅,安详静谧的普林斯顿小镇,宁静典雅的小镇风情与日就形成的亲密的师生关系构成了普林斯顿大学浓郁的学府气氛,使它得以免受各种社会风潮的影响,保持了古典教育的严肃风格,20世纪60年代席卷全国的反文化浪潮和70年代兴起的专业主义均未在普林斯顿大学校园引起波动，这为在普林斯顿大学进行研究的学者们提供了一个优越的研究环境。

普林斯顿大学饱有浓厚的欧式教育学风，这跟英格兰在北美殖民地上的其他学校一样，其在创立之初的宗旨上强调训练学生具备人文和科学的综合素养,而最终教育目的在于透过其特殊的教育方式,培养出本州及教会引以为傲的学者。至今这项传统仍是校方强调的重点,只是彰显宗教的意味已不复见。毕业校友秉承这一传统,在各行各业崭露头角,使普林斯顿大学盛名得以不衰。

虽然欧式恬静严谨的学风深深影响着普林斯顿大学，但在英格兰殖民地上所引发的独立战争，也使普林斯顿一度成为战争要地，学校作为行政大楼的拿苏楼曾在独立战争中数次被英军或独立盟军作为军营及医院的根据点。18世纪，普林斯顿大学在学业方面要求相当严格，极少变通:“学生不在校内上的课,除非经过许可否则不给学分;曾在此执教40余年的埃菲厄斯教授对此深有

【住宿学院】

普林斯顿大学的本科住宿学院是包含食宿功能的一系列建筑,由一、二年级以及一些住宿顾问(resident advisers)居住。每个学院都包括一系列宿舍,一间食堂,其他设施(包括自习室、图书馆、舞台、暗室等等),以及管理人员和有关教师。

感触:他退休后应邀到另一著名学府讲授美国政治思想,当按照惯例每周布置一篇报告时,课堂上43名学生一下子跑掉了40人。”

严谨的学风,浓郁的学术气氛是普林斯顿大学的根本,而丰富多彩的校园文化生活又充满了生机与活力。二者融合于这安逸宁静的乡间小镇所独有的风情中，孕育出了充满着文化的灵性的普林斯顿大学及其独一无二的学府之风，这使得普林斯顿大学在工业的喧嚣与文明的浮躁中依然从容不迫,谨慎的保持着自己的传统与“纯朴”的学风,也积极地创造着自身适应社会,适应发展的未来。正是他们对严谨学风有着更为执着的追求,才使得基础理论学科常年处于全美第一的位置。

普林斯顿大学小百科

研究设备及图书资料是普林斯顿大学另一值得称道之处。全校共有 500 万以上的藏书 300 万的微缩片 (microfilms),3 万多种当代期刊及各项珍贵手稿及文献资料，分别收藏于总图书馆(Firestone Library) 及其他 22 个专业性系院图书馆。葛斯德东方图书馆提供了此地为东方学生慰解乡思的一个好去处,馆藏中除了东亚各国古典及当代学术研究文献外，另有古典及当代小说多册,是学生们课余之暇的好去处。

第四课　自由的研究氛围

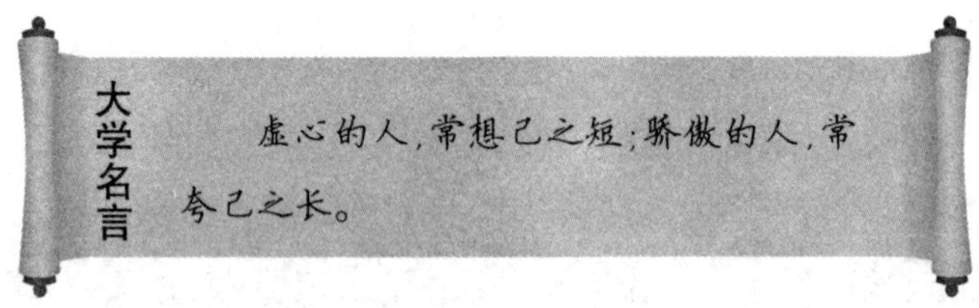

大学名言

虚心的人，常想己之短；骄傲的人，常夸己之长。

精神氛围是一种无形存在体，无法看到，却能够感受到它的存在，受到它的影响。普林斯顿大学是宽松的、宽容的。这里云集了许多世界一流的科学大师和天才学生，其中不乏奇才怪客、学界狂人，普林斯顿大学给予他们展示才华的舞台。这里容忍各种思想倾向和宗教信仰，接纳各种思想和学说。当一战后德国纳粹党势力崛起，许多犹太血统的学者遭到迫害时，普林斯顿大学却成了一批欧洲科学家的避难所，物理学家爱因斯坦，诺贝尔奖获得者尤金·威格等优秀学者的到来使普林斯顿大学的学术声誉大大提高，为日后成为世界数学、物理之都奠定了基础。

普林斯顿大学有着海纳百川的胸襟。当年,年仅32岁的安德鲁·怀尔斯担任教授后,不担任教学,一门心思静心研究费马大定理,9年中没有发表一篇论文。直到1994年,怀尔斯终于以长达130多页的论文终结了数学界长达360余年的难题,最终获得了历史上唯一的菲尔兹(菲尔茨奖是最著名的世界性数学奖,由于诺贝尔奖没有设数学奖,因此也有人将菲尔茨奖誉为数学的"诺贝尔奖")特别成就奖。2002年世界数学家年会在我国召开的时候,许多人都争相一睹天才数学家约翰·纳什的风采。殊不知,这位数学天才、博弈论的创立者曾患了严重的精神分裂症,在治愈希望微乎其微的情况下,普林斯顿大学让其静心生活在校园中,并给予他极大的关爱,使他在历经30年的病痛后获得诺贝尔经济学奖,创造了人类科学史上的又一奇迹。纳什的故事就是关于"爱的奇迹"的故事,作为普林斯顿大学的一个精神象征事件,最充分地彰显出了这所大学的宽容与博爱品格。

普林斯顿大学的数学系常常会有主讲教授这样写的研究生课程通告:我不懂某某理论,想把它搞懂,所以要开这门理论的课。注意,这样写的恰恰是那些很有成就的大教授。课堂教学中教师在推理的时候一时讲不下去的情况,叫作"挂黑板",如果教授的教学中出现"挂黑板"。在我们这里会招来一面倒的批评。可是在发达国家的著名大学,教授"挂黑板"现象的本身,并不一定说明教学不行。关于曾经数学系主任列复谢茨,教授们都有点夸大地说,正因为他从来没有在课堂上完整地作完一个正确的证明,经常会"挂黑板",他的学生不得不把他的漏洞补上,从而练就了本事。如果教授在课堂上讲的都已经十分正确十分完备,而学生能够把教授所讲的背得滚瓜烂熟,那不叫本事。

实行这样的辅读讨论式教学,要有不怕在学生面前"挣扎"的勇气。辅读讨论式教学不但要指定学生主讲,而鼓励听讲的学生讨论。学生主讲和老师主讲有一个很大的不

【住宿学院】

普林斯顿大学目前有五所住宿学院。洛克菲勒住宿学院和玛茜住宿学院坐落于校园西北,两所学院的学院哥特风格建筑由于其代表性经常占据学校宣传品的版面。处在校园中南部的威尔逊住宿学院与巴特勒住宿学院,相比起来,要新一些,也是专门为作为住宿学院而建的。

同，那就是主讲的学生难免对老师有依赖性，主讲时遇到困难，很自然会随时向老师求援。学生主讲时，由于台上台下“平等”。讨论和提问会比老师主讲时随意和热烈的多。也许有人设想，既然是合格的主持课程的老师，就应该能够随时正确地解答与课程有关的问题。实际上并非如此。常常有这样的情况，学生的思维相当活跃，他们提出的问题，老师不一定考虑过。何况不少研究生课程是当前前沿研究的反映。随时做好思想准备，力图迅速抓住症结，正确解答学生所提的问题，无疑是保持思维敏锐的良好锻炼。但是一时解答不了，也不是什么了不起的事。

杨振宁教授经常谈起泰勒教授，那是对他影响很大的一位老师，后来被人誉为美国的“氢弹之父”。杨说泰勒教授“每天至少有10个主意，其中恐怕有9个是错的”。但是泰勒教授不怕把他的不成熟的想法讲出来。等到他的错的想法被他自已或被别人纠正时，他对问题的理解又向前迈了一步。这种讲得不对的情形在泰勒教授上课时也常出现。杨教授说：“在这样的时候，看着泰勒教授怎样在讲台上挣扎，是很有趣的事”。

老师和学生讨论解决过去为曾考虑过和不知道现成答案的问题，是一种“准科研”思考的生动演示。导师如何思考问题提出问题，如何在碰钉子后转弯，如何在一项设想被证实为行不通时还能获取关于原问题的有用信息，这一切，恰恰是难以从书本和论文上学到的。事实上，当成果整理成文时，作者通常不谈在这之前艰苦探索的历史；即使个别作者愿意提及，学报也不屑于刊登。如果老师不怕在学生面前“挣扎”，让学生尽早体会哪怕是像“氢弹之父”泰勒这样有成就的学者，在许多方面也是和他们

一样的凡人，这种潜移默化，对学生非常有益，也许具有超课程的价值。

【住宿学院】

普林斯顿大学福布斯住宿学院位于校园的西南，曾被用作酒店，后来被校方买下用作住宿学院。学院哥特风格的是普林斯顿的学生宿舍。伍德罗·威尔逊曾在20世纪初对现有的住宿学院曾提出过改革计划。威尔逊的计划和耶鲁大学目前的计划类似，是一个四年连续的住宿学院。

追求进步和真理的政治品质，求新求变的创新精神，浓厚的文化氛围，自由的学术风气，民主、宽容的科学精神，独特的校风，严谨的学风等等，代代相传，一脉相承，不会因为人事和外界环境的变化而变化，浸透在大学的各种文化载体和行为载体中，感染、凝聚、塑造着一代代师生员工，吸引着优秀学子前来求学，吸引着大家名师前来任教，为社会做出贡献的同时，也获得社会的认同。这才是普林斯顿大学在竞争中常年处于领先地位的精髓所在。

创建一流大学，不是看学校有多“大”、学科有多“全”、人数有多“多”，而是要有一流教师队伍、一流教学内容、一流教学方法、一流教材、一流教学管理等。对普林斯顿大学而言，规模不大，学科不全，恰好是它的优势所在。正因为学校“小”，他们才能够集中精力和资源来干两件事情，一是非常严格的本科生教育，二是非常学术化的研究生教育。正因为学校“小”，普林斯顿大学的学生可以享受到“导修制”，即每个星期学生们都参加10～15人的小班，由教授或是助教带领，复习一个星期以来所学的课程。也正因为学校“小”，普林斯顿大学教授和学生之间还有很多沟通的平台。比如，数学系有喝下午茶的传统。师生聚在一起，一边喝茶，一边随意谈天说地、自由交流。还正因为学校“小”，普林斯顿大学一直坚持在第一学年开始时让本科新生10—12人一组跟老师参加研讨会，所有教师每周要专门接待学生并解答他们的问题。

普林斯顿大学的研究生教育给学

生研究的自由空间也很大。在普林斯顿大学,研究生教育分成两个阶段:第一个阶段是学习阶段,有很多选修课和必修课,而且每门课程都会有考试来检测学生是否已经合格完成了学习;学生通过资格考试之后就进入第二阶段,在这个阶段,学生就可以写作论文了。

这里有一个普林斯顿大学研究生两道考题的故事。

一道考题出现在物理学博士研究生的资格考试中,题目是:注视你临近的同学,假设他是一个圆球,估算一下他的电容量。试想,如果一个中国研究生面对这样一道考题,他的面部表情该是怎样的复杂,他的内心又该是怎样的丰富:困惑、震惊、惶恐、不知所措,或许还会夹杂一丝的兴奋……这与我们见到的众多考题太不一样了。它在严肃中充满了智慧的幽默,使冰冷、隔膜的物理学一下子贴近了日常生活,显示出了人性的温情与亲和。这道考题显然不是在寻求一个标准答案,而是在启示考生:从事科学研究离不开好奇的眼光和"胡思乱想"的自由心态。

第二道是练习题,出现在数学系大学低年级学生博弈论的入门课程上,标题是"诺曼底战役战略策划模拟":给你两个师的兵力,让你攻打敌人三个师兵力守备的城堡,可以通向城堡的路只有两条,当你发起攻击并且对敌的时候,如果你的兵力比敌人强,你就赢了;如果你的兵力比敌人弱,或者相等,那你就输了。请问:你克敌制胜的概率是多少?此题设计之精妙让人深为叹服,这种从历史事件中提炼出来的数学习题,不仅能使人获得数学思维的乐趣,还会给人一种置身历史、参与历史,与历史连接在一起的情感体验。一道数学练习题,居然散发出强烈的人文气息和历史感,不能不让人心生感慨。

另外,普林斯顿大学的教授也有很大的自我裁量权。通常学校把所要求教授的课程规定好,每个教授在教授这门课的时候,有很大的自由空间。他可以根据自己的理解和研究兴趣,

【住宿学院】

普林斯顿大学一二年级住宿学院的系统经常成为激烈讨论的题目。未来的计划是建立在威特曼住宿学院的完成的基础之上的。校方提出的威特斯计划("Wythes Plan")提出要在未来增加500名本科学生,两所住宿学院也会扩建以适应研究生的需要。

对这门课的内容和重点进行调整，以真正教授给学生自己所专长的东西。

普林斯顿大学提供研究生的学位(特别是博士学位)，在很多学科都是最优秀的专业；包括数学、物理、经济学、历史和哲学。但是，不像其他大学，普林斯顿大学并没有广泛的研究生研究学院——比如，普林斯顿大学没有法学院或者商学院。普林斯顿大学最有名的专业学院是伍德罗·威尔逊公共和国际关系学院 (Woodrow Wilson School of Public and International Affairs)，创建于1930年，原名为公共和国际关系学院，1948年改为现名。普林斯顿大学也提供工程和建筑学的研究生课程。

普林斯顿高等研究院的创办有着一段传奇的故事。20世纪20年代初，位于新泽西州的班伯格家族的兄妹俩把自家开设的小商店，进而发展连锁一步步壮大为美国当时百货零售业的巨子。更有幸的是他们逃脱了1929年美国全面爆发的经济危机，在股市全面崩溃之前抛出所有股票避开“股市之灾”，不但幸免于难，同时获得了2500万美元的巨额资金。之后兄妹俩一直想把自己的财富用的“物有所值”，立志要为国家作出一定的贡献。起先他们想投资建立一所世界一流的医院，但考虑再三最终放弃转向目标建立世界一流的研究院。他们选定了位于当地的普林斯顿大学。

1939年在他们的努力下又成立了普林斯顿高等研究院。兄妹俩经过长达三年耐心的争取，聘请了50多岁已退休在家的校长弗雷克斯纳作为研究院数学部的第一负责人。而费雷克斯纳又经过多方努力争取到了欧洲犹太人爱因斯坦成为物理部的第二名成员，爱因斯坦进而提出研究院必须能够接受年轻的著名学者，因而年仅30岁的冯·诺伊曼获得聘请。冯·诺伊曼在当时已是数学界的巨子。他在6岁时就能口算两个8位数的除法，被誉为“其实是巧妙假扮人类的智慧超凡的外星人”。之后，他于1944年的《博弈论与经济行为》而获得了诺贝尔经济学奖。

《美国新闻与世界报道》公布了2002年度美国大学排行榜，位于新泽西州的普林斯顿大学位居榜首，哈佛与耶鲁并列第二。《感受普林斯顿》正是以普林斯顿大学的发展历史为主线以“大楼、大师、大爱”为灵魂书写了普林斯顿大学辉煌成就取得的必然。

1969年普林斯顿大学开始男女合校。现任校长是分子生物学家谢莉·蒂尔曼女士。截至2002年，学院培养了2位美国总统和24位诺贝尔奖得主，学院的在职教授中就有8位诺贝尔奖获得者。

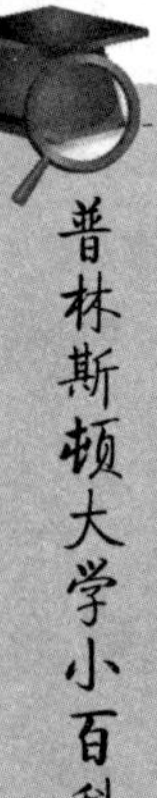

学校中电脑设备完整，小至个人电脑，大至各种电脑工作站及电脑网络一应俱全。并且可与世界1400个大学及研究机构连线，使得资料的撷取及处理迅速正确。校园中另设有历史博物馆，馆藏以地中海、西欧、中国、美洲及拉丁美洲地区的艺术及雕塑。博物馆兼具研究、教学及典藏的功能。

第五课 普林斯顿大学名人榜——人工智能之父阿兰·图灵

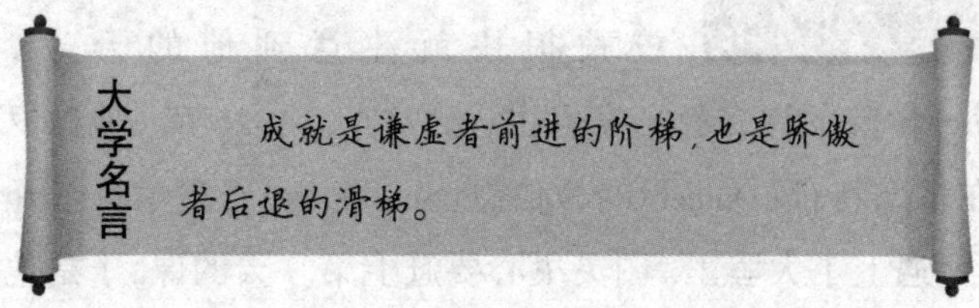

人物履历

阿兰·麦席森·图灵（1912—1954），英国著名数学家、逻辑学家，被称为计算机科学之父、人工智能之父。1912年6月23日生于英国帕丁顿，1931年进入剑桥大学国王学院，师从著名数学家哈代，1938年在美国普林斯顿大学取得博士学位，二战爆发后返回剑桥，曾协助军方破解德国的著名密码系统Enigma，帮助盟军取得了二战的胜利。1954年6月7日在曼彻斯特去世。他是计算机逻辑的奠基者，提出了“图灵机”和“图灵测试”等重要概念。人们为纪念其在计算机领域的卓越贡献而专门设立了“图灵奖”。

成长经历

图灵的父亲朱利斯·麦席森·图灵（Julius Mathison Turing）是一名英属印度的公务员。1911年，图灵的母亲埃塞尔在印度的杰德拉布尔怀了孕。

他们希望阿兰在英国出生，所以回到伦敦，住在帕丁顿(Paddington)。结果就在那里生下了阿兰。父亲的公务员委任使他在阿兰小时候经常来往于英伦和印度。由于担心印度的气候不利于儿童成长，他把家庭留在英伦与朋友同住。图灵很小的时候就表现出他的天才，后来就更加显著。他说他在三个星期里自己学会阅读，而且，就对数字和智力游戏着迷。

6岁的时候，他的父母为他在一间叫圣迈克尔的(St.Michael's)日间学校注了册。女校长很快就注意到他的天才，随后Marlborough学院的许多教育家也注意到这点。1926年，他14岁的时候转到了在多塞特郡(Dorset)的舍伯恩(Sherborne)寄宿学校。开学的第一天，刚好遇上了大罢工。图灵决心要赶上第一天的课，于是他独自从南安普顿(Southampton)骑了60英里(37公里)的自行车去上学，途中还在一间旅社度过一宵。

图灵天生对科学的喜好并没有给他在舍伯恩的老师留下好印象。他们对教育的定义是着重于人文学科而不是科学。虽然如此，图灵继续在他喜欢的学科表现出惊人的能力，还没有学过基础微积分的他，就已经能够解答以他年纪来说算是很高深的难题。1928年，在图灵16岁的时候，开始阅读阿尔伯特·爱因斯坦的著作。他不但能够理解，而且看出了爱因斯坦对牛顿运动定律存有质疑，即使爱因斯坦的著作中并没有明白指出这点。

科研时期

1931年，图灵考入剑桥大学国王学院，由于成绩优异而获得数学奖学金。在剑桥，他的数学能力得到充分的发展。1935年，他的第一篇数学论文“左右周期性的等价”发表于《伦敦数学会杂志》上。同一年，他还写出“论

高斯误差函数”一文。这一论文使他由一名大学生直接当选为国王学院的研究员，并于次年荣获英国著名的史密斯(Smith)数学奖，成为国王学院声名显赫的毕业生之一。1936年5月，图灵写出了表述他的最重要的数学成果的论文“论可计算数及其在判定问题中的应用”，该文于1937年在《伦敦数学会杂志》第42期上发表后，立即引起广泛的注意。

1937年，阿兰·麦席森·图灵发表的另一篇文章“可计算性与λ可定义性”则拓广了丘奇(Church)提出的“丘奇论点”，形成“丘奇—图灵论点”，对计算理论的严格化，对计算机科学的形成和发展都具有奠基性的意义，1936年9月，阿兰·麦席森·图灵应邀到美国普林斯顿高级研究院学习，并与丘奇一同工作。在美国期间，他对群论作了一些研究，并撰写了博士论文，1938年在普林斯顿大学获博士学位，其论文题目为“以序数为基础的逻辑系统”，1939年正式发表，在数理逻辑研究中产生了深远的影响。

1938年夏，阿兰·麦席森·图灵回到英国，仍在剑桥大学国王学院任研究员，继续研究数理逻辑和计算理论，同时开始了计算机的研制工作。第二次世界大战打断了他的正常研究工作，1939年秋，他应召到英国外交部通信处从事军事工作，主要是破译敌方密码的工作。他在布莱奇利庄园(Bletchley Park)利用工具Bombe破译德军的密码“谜(Enigma)”，并参与了世界上最早的电子计算机的研制工作。他的工作取得了极好的成就，因而于1945年获政府的最高奖——大英帝国荣誉勋章。人们认为，通用计算机的概念就是阿兰·麦席森·图灵提出来的。1945年，阿兰·麦席森·图灵结束了在外交部的工作，他试图恢复战前在理论计算机科学方面的研究，并结合战时的工作，具体研制出新的计算机来。这一想法得到当局的支持，同年，图灵被录用为泰丁顿(Teddington)国家物理研究所的研究人员，开始从事“自动计算机”(ACE)的逻辑设计和具体研制工作。这一年，图灵写出一份长达50页的关于ACE的设计说明书。这一说明书在保密了

【校园建筑】

建立普林斯顿大学的美术博物馆的目的是给予学生直接、亲密，以及长期的对世界级美术作品的接触和熏陶，也可以对学校美术系的教学和研究做到补充的效果；这也是美术博物馆长期以来的首要功能。

【校园建筑】

美术博物馆大约有6万件藏品，从古代到现代的艺术品都有收集，并主要集中于地中海、西欧、中国、美国和拉丁美洲的作品。博物馆有专门的古希腊、古罗马的文化遗产收藏，包括陶器、大理石、青铜以及罗马的镶嵌工艺收藏。

27年之后，于1972年正式发表．在图灵的设计思想指导下，1950年制出了ACE样机，1958年制成大型ACE机。1948年，图灵接受了曼彻斯特大学的高级讲师职务，并被指定为曼彻斯特自动数字计算机(Madam)项目的负责人助理，具体领导该项目数学方面的工作。作为这一工作的总结，1950年图灵编写并出版了《曼彻斯特电子计算机程序员手册》。这期间，他继续进行数理逻辑方面的理论研究。早在1947年，图灵就提出过自动程序设计的思想，1950年，他提出关于机器思维的问题，他的论文“计算机和智能(Computing machinery and intelligence)，引起了广泛的注意和深远的影响。

1956年，在收入一部文集时此文改名为“机器能够思维吗？”，至今仍是研究人工智能的首选读物之一。1951年，图灵当选为英国皇家学会会员。1952年，他辞去剑桥大学国王学院研究员的职务，专心在曼彻斯特大学工作．除了日常工作和研究工作之外，他还指导一些博士研究生，还担任了制造曼彻斯特自动数字计算机的一家公司——弗兰蒂公司的顾问。1952年，图灵写了一个国际象棋程序。可是，当时没有一台计算机有足够的运算能力去执行这个程序，他就模仿计算机，每走一步要用半小时。他与一位同事下了一盘，结果程序输了。后来美国新墨西哥州洛斯阿拉莫斯国家实验室的研究群根据图灵的理论，在MANIAC上设计出世界上第一个电脑程序的象棋。

可计算性理论与图灵机

在20世纪以前，人们普遍认为，所有的问题类都是有算法的，人们的计算研究就是找出算法来。似乎正是为了证明一切科学命题，至少是一切数学命题存在算法，莱布尼茨(Leibniz)开创了数理逻辑的研究工作。但是20世纪初，人们发现有许多问题已经过长期研究，仍然找不到算法，

例如希尔伯特第10问题，半群的字的问题等。于是人们开始怀疑，是否对这些问题来说，根本就不存在算法，即它们是不可计算的。这种不存在性当然需要证明，这时人们才发现，无论对算法还是对可计算性，都没有精确的定义。1934年，哥德尔(Godel)在埃尔布朗(Herbrand)的启示下提出了一般递归函数的概念，并指出：凡算法可计算函数都是一般递归函数，反之亦然。

1936年，克林(Kleene)又加以具体化。因此，算法可计算函数的一般递归函数定义后来被称为埃尔布朗·哥德尔·克林定义。同年，丘奇证明了他提出的λ可定义函数与一般递归函数是等价的，并提出算法可计算函数等同于一般递归函数或λ可定义函数，这就是著名的“丘奇论点”，用一般递归函数虽给出了可计算函数的严格数学定义，但在具体的计算过程中，就某一步运算而言，选用什么初始函数和基本运算仍有不确定性。为消除所有的不确定性，艾伦·麦席森·图灵在他的“论可计算数及其在判定问题中的应用”一文中从一个全新的角度定义了可计算函数，他全面分析了人的计算过程，把计算归结为最简单、最基本、最确定的操作动作，从而用一种简单的方法来描述那种直观上具有机械性的基本计算程序，使任何机械的程序都可以归约为这些动作。这种简单的方法是以一个抽象自动机概念为基础的，其结果是：算法可计算函数就是这种自动机能计算的函数。这不仅给计算下了一个完全确定的定义，而且第一次把计算和自动机联系起来，对后世产生了巨大的影响，这种“自动机”后来

【校园建筑】

普林斯顿大学的美术博物馆还收藏了一些中世纪欧洲的雕塑、金属制品和彩色玻璃。西欧的油画收藏包括了从早期文艺复兴一直到19世纪，20世纪以及现代美术作品的收藏还在扩展之中。

被人们称为“图灵机”。图灵在他的重要论文《论可计算数及其在判定问题上的应用》(1936年5月28日提交)里，对哥德尔1931年在证明和计算的限制的结果作了重新论述，他用现在叫作图灵机的简单形式装置代替了哥德尔的以通用算术为基础的形式语言。由于速度很慢，尽管没有一台图灵机会有实际用途，图灵还是证明了这样的机器有能力解决任何可想象的数学难题，如果这些难题是用一种算法来表达。

现今，图灵机还是计算理论研究的中心课题。他继续证明了判定问题是没有答案的。他的证明首先展示了图灵机的停机问题(halting problem)是没有答案的，这是说不可能用一个算法来决定一台指定的图灵机是否会停机。尽管他的证明比阿隆佐·丘奇在λ演算方面相等的证明晚发表了几个月，图灵的著作是更易于理解和直观的。他的通用(图灵)机的概念也是新颖的。这一通用机能够完成任何其他机器所能做的任务。图灵机是一种自动机的数学模型，它是一条两端(或一端)无限延长的纸带，上面划成方格，每个方格中可以印上某字母表中的一个字母；又有一个读写头，它具有有限个内部状态. 任何时刻读写头都注视着纸带上的某一个方格，并根据注视方格的内容以及读写头当时的内部状态而执行变换规则所规定的动作。每个图灵机都有一组变换规则，它们具有下列三种形状之一：qiaRqi，qiaLqi，qiabqj意思是：当读写头处于状态qi时如果注视格的内容为字母a则读写头右移一格，或左移一格，或印下字母b(即把注视格的内容由a改成b.a，b可为so)。

艾伦·麦席森·图灵把可计算函数定义为图灵机可计算函数，1937年，阿兰·麦席森·图灵在他的“可计算性与λ可定义性”一文中证

明了图灵机可计算函数与λ可定义函数是等价的，从而拓广了丘奇论点，得出：算法可计算函数等同于一般递归函数或λ可定义函数或图灵机可计算函数。这就是"丘奇-图灵论点"，相当完善地解决了可计算函数的精确定义问题，对数理逻辑的发展起了巨大的推动作用。图灵机的概念有十分独特的意义：如果把图灵机的内部状态解释为指令，用字母表的字来表示，与输出字输入字同样存贮在机器里，那就成为电子计算机了。由此开创了"自动机"这一学科分支，促进了电子计算机的研制工作。在给出通用图灵机的同时，图灵就指出，通用图灵机在计算时，其"机械性的复杂性"是有临界限度的，超过这一限度，就要靠增加程序的长度和存贮量来解决。这种思想开启了后来计算机科学中计算复杂性理论的先河。

判定问题

所谓"判定问题"指判定所谓"大量问题"是否具有算法解，或者是否存在能行性的方法使得对该问题类的每一个特例都能在有限步骤内机械地判定它是否具有某种性质的问题。艾伦·麦席森·图灵在判定问题上的一大成就是把图灵机的"停机问题"作为研究许多判定问题的基础，一般地，把一个判定问题归结为停机问题："如果问题A可判定，则停机问题可判定。"从而由"停机问题是不可判定的"推出"问题A是不可判定的"。所谓停机指图灵机内部达到一个结果状态、指令表上没有的状态或符号对偶，从而导致计算终止。

在每一时刻，机器所处的状态，纸带上已被写上符号的所有格子以及机器当前注视的格子位置，统称为机器的格局。图灵机从初始格局出发，按程序一步步把初始格局改造为格局的序列。此过程可能无限制继续下去，也可能遇到指令表中没有列出的状态、符号组合或进入结束状态而

【校园建筑】

普林斯顿大学图书馆目前有1100万藏书。主要的馆址燧石图书馆(Firestone Library)拥有超过600万册藏书。在燧石图书馆之外，许多独立的学科(包括建筑学、美术历史、东亚研究、工程、地质学、国际关系和公共政策，以及近东研究)也都有自己的图书馆。

停机。在结束状态下停机所达到的格局是最终格局,此最终格局就包含机器的计算结果。所谓停机问题即是:是否存在一个算法,对于任意给定的图灵机都能判定任意的初始格局是否会导致停机?图灵证明,这样的算法是不存在的,即停机问题是不可判定的,从而使之成为解决许多不可判定性问题的基础。

1937年, 阿兰·麦席森·图灵用他的方法解决了著名的希尔伯特判定问题:狭谓词演算公式的可满足性的判定问题。他用一阶逻辑中的公式对图灵机进行编码, 再由图灵机停机问题的不可判定性推出一阶逻辑的不可判定性。他在此处创用的“编码法”成为后来人们证明一阶逻辑的公式类的不可判定性的主要方法之一。在判定问题上,艾伦·麦席森·图灵的另一成就是1939年提出的带有外部信息源的图灵机概念,并由此导出“图灵可归约”及相对递归的概念。运用归约和相对递归的概念,可对不可判定性与非递归性的程度加以比较。在此基础上,E.波斯特(Post)提出了不可解度这一重要概念,这方面的工作后来有重大的进展。图灵参与解决的另一个著名的判定问题是“半群的字的问题”,它是图埃(Thue)在1914年提

出来的：对任意给定的字母表和字典，是否存在一种算法能判定两个任意给定的字是否等价，给出有限个不同的称为字母的符号，便给出了字母表，字母的有限序列称为该字母表上的字。如果两个字R和S使用有限次字典之后可以彼此变换，则称这两个字是等价的。1947年，波斯特和马尔科夫（Markov）用图灵的编码法证明了这一问题是不可判定的。1950年，图灵进一步证明，满足消元律的半群的字的问题也是不可判定的。

【学校荣誉】

在普林斯顿大学260年的建校史上，出过不少星光灿烂的人物，对美国的社会文明做出过很大的贡献，从这所学校里走出过大批的科学家、文学家和政治家。著名的相对论大师爱因斯坦、数学大师冯·诺伊曼·阿廷等都在这里从事过研究。

人工智能

阿兰·麦席森·图灵是人工智能研究的先驱者之一，实际上，图灵机，尤其是通用图灵机作为一种非数值符号计算的模型，就蕴含了构造某种具有一定的智能行为的人工系统以实现脑力劳动部分自动化的思想，这正是人工智能的研究目标。而且正是从图灵机概念出发，在第二次世界大战时的军事工作期间，图灵在业余时间里经常考虑并与一些同事探讨“思维机器”的问题，并且进行了“机器下象棋”一类的初步研究工作。

1947年，图灵在一次关于计算机的会议上做了题为“智能机器”（intelligent machinery）的报告，详细地阐述了他关于思维机器的思想，第一次从科学的角度指出：“与人脑的活动方式极为相似的机器是可以制造出来的。”在该报告中，图灵提出了自动程序设计的思想，即借助证明来构造程序的思想。现在自动程序设计已成为人工智能的基本课题之一。图灵这一报告中的思想极为深刻、新奇，似乎超出了当时人们的想象力。1959年，这一报告编入图灵的著作选集首次发表时，似乎仍未引起人们的重视。只是当1969年，这一报告再次发表，人工智能已有了相当进展，尤其是R. J. 瓦丁格（Waldingger）于1969年重新提出自动程序设计的概念，人们才开始理解了图灵这一报告的开创性意义。1956年图灵的这篇文章以“机

器能够思维吗？”为题重新发表。此时，人工智能也进入了实践研制阶段。图灵的机器智能思想无疑是人工智能的直接起源之一。而且随人工智能领域的深入研究，人们越来越认识到图灵思想的深刻性：它们至今仍然是人工智能的主要思想之一。

图灵试验

1945年到1948年，图灵在国家物理实验室，负责自动计算引擎（ACE）的工作。1949年，他成为曼彻斯特大学计算机实验室的副主任，负责最早的真正的计算机——曼彻斯特一号的软件工作。在这段时间，他继续做一些比较抽象的研究，如“计算机械和智能”。图灵在对人工智能的研究中，提出了一个叫作图灵试验的实验，尝试定出一个决定机器是否有感觉的标准。

图灵试验由计算机、被测试的人和主持试验人组成。计算机和被测试的人分别在两个不同的房间里。测试过程由主持人提问，由计算机和被测试的人分别做出回答。观测者能通过电传打字机与机器和人联系（避免要

求机器模拟人外貌和声音)。被测人在回答问题时尽可能表明他是一个"真正的"人,而计算机也将尽可能逼真地模仿人的思维方式和思维过程。如果试验主持人听取他们各自的答案后,分辨不清哪个是人回答的,哪个是机器回答的,则可以认为该计算机具有了智能。这个试验可能会得到大部分人的认可,但是却不能使所有的哲学家感到满意。

图灵试验虽然形象描绘了计算机智能和人类智能的模拟关系,但是图灵试验还是片面性的试验。通过试验的机器当然可以认为具有智能,但是没有通过试验的机器因为对人类了解得不充分而不能模拟人类仍然可以认为具有智能。

图灵试验还有几个值得推敲的地方,比如试验主持人提出问题的标准,在试验中没有明确给出;被测人本身所具有的智力水平,图灵试验也疏忽了;而且图灵试验仅强调试验结果,而没有反映智能所具有的思维过程。所以,图灵试验还是不能完全解决机器智能的问题。例如:质问者可以说:"我听说,今天上午一头犀牛在一个粉红色的气球中沿着密西西比河飞。你觉得怎样?"电脑也许谨慎地回答:"我听起来觉得这不可思议。"到此为止没有毛病。质问者又问:"是吗?我的叔叔试过一回,顺流、逆流各一回,它只不过是浅色的并带有斑纹。这有什么不可思议的?"很容易想象,如果电脑没有合适的"理解"就会很快地暴露了自己、在回答第一个问题时,电脑的记忆库非常有力地想到犀牛没有翅膀,甚至可以在无意中得到"犀牛不能飞",或者这样回答第二个问题"犀牛没有斑纹"。下一回质问者可以试探真正无意义的问题,譬如把它改变成"在密西西比河下面",或者"在一个粉红色的气球之外",或者"穿一件粉红色衣服",并去看看电脑是否感觉到真正的差别。

其实,要求电脑这样接近地模仿人类,以使得不能和一个人区分开实在是太过分了。一些专家认为,我们不该以电脑能否思维为目标,而是以能多大程度地模

【学校荣誉】

普林斯顿大学历届诺贝尔物理学奖得主中,有20多位是这所学校的教授。著名的科学家华罗庚、姜伯驹、中国科学院外籍院士陈省身、李政道、杨振宁都曾担任过普林斯顿大学的高级研究院研究员。

仿人类思维为目标;然后,让设计者再朝着这个目标努力。

图灵机

1936年，阿兰·图灵提出了一种抽象的计算模型——图灵机(Turing Machine)。图灵的基本思想是用机器来模拟人们用纸笔进行数学运算的过程,他把这样的过程看作下列两种简单的动作:在纸上写上或擦除某个符号;把注意力从纸的一个位置移动到另一个位置;而在每个阶段,人要决定下一步的动作,依赖于(a) 此人当前所关注的纸上某个位置的符号和(b) 此人当前思维的状态。

为了模拟人的这种运算过程,图灵构造出一台假想的机器,该机器由以下几个部分组成:一条无限长的纸带。纸带被划分为一个接一个的小格子,每个格子上包含一个来自有限字母表的符号,字母表中有一个特殊的符号表示空白。纸带上的格子从左到右依次被编号为0,1,2,……纸带的右端可以无限伸展。

一个读写头。该读写头可以在纸带上左右移动,它能读出当前所指的格子上的符号,并能改变当前格子上的符号。一个状态寄存器。它用来保存图灵机当前所处的状态。图灵机的所有可能状态的数目是有限的,并且有一个特殊的状态,称为停机状态。一套控制规则。它根据当前机器所处的状态以及当前读写头所指的格子上的符号来确定读写头下一步的动作,并改变状态寄存器的值,令机器进入一个新的状态。注意这个机器的每一部分都是有限的,但它有一个潜在的无限长的纸带,因此这种机器只是一个理想的设备。图灵认为这样的一台机器就能模拟人类所能进行的任何计算过程。

【学校荣誉】

普林斯顿大学还为美国培养出总统,并有多名普林斯顿大学的毕业生先后担任过美国国会参议员、众议员、联邦政府的高级官员,以及州长和州政府的高级官员。

人物影响

图灵思想活跃,他的创造力也是多方面的。据同事们回忆,他在战时

的秘密工作中，曾创造好几种新的统计技术，但都未形成论文发表，后来又重新为他人所创建，由瓦尔德(Wald)重新发现并提出的“序贯分析”就是其中之一。他对群论也有所研究，在“形态形成的化学基础”一文中，他用相当深奥而独特的数学方法，研究了决定生物的颜色或形态的化学物质（他称之为成形素）在形成平面形态(如奶牛体表的花斑)和立体形态(如放射形虫和叶序的分布方式)中的分布规律性，试图阐释“物理化学规律可以充分解释许多形态形成的事实”这一思想。在生物学界，20世纪80年代才开始探讨这一课题，图灵还进行了后来被称为“数学胚胎学”的奠基性研究工作。他还试图用数学方法研究人脑的构造问题，例如估算出一个具有给定数目的神经元的大脑中能存贮多少信息的问题等。这些，至今仍然是吸引着众多科学家的新颖课题。人们认为，图灵是一位科学史上罕见的具有非凡洞察力的奇才：他的独创性成果使他生前就已名扬四海，而他深刻的预见使他死后倍受敬佩。当人们发现后人的一些独立研究成果似乎不过是在证明图灵思想超越时代的程度时，都为他的英年早逝感到由衷的惋惜。

苹果公司的标志一度被误认为源于图灵自杀时咬下的半个苹果。但该图案的设计师和苹果公司都否认了这一说法。2012年是阿兰·图灵的100周年诞辰，被定为“阿兰·图灵年”。

图灵奖

“图灵奖”是美国计算机协会（ACM，Association for Computer Machinery）于1966年设立的，专门奖励那些对计算机科学研究与推动计

算机技术发展有卓越贡献的杰出科学家。设立的初衷是因为计算机技术的飞速发展，尤其到20世纪60年代，其已成为一个独立的有影响的学科，信息产业亦逐步形成，但在这一产业中却一直没有一项类似“诺贝尔”，“普利策”等的奖项来促进该学科的进一步发展，为了弥补这一缺陷，于是“图灵”奖便应运而生，它被公认为计算机界的“诺贝尔”奖。

图灵奖是计算机界最负盛名的奖项，有“计算机界诺贝尔奖”之称。图灵奖对获奖者的要求极高，评奖程序也极严，一般每年只奖励一名计算机科学家，只有极少数年度有两名以上在同一方向上做出贡献的科学家同时获奖。目前图灵奖由Google公司赞助，奖金为100 000美元。

每年，美国计算机协会将要求提名人推荐本年度的图灵奖候选人，并附加一份200到500字的文章，说明被提名者为什么应获此奖。任何人都可成为提名人。美国计算机协会将组成评选委员会对被提名者进行严格的评审，并最终确定当年的获奖者。截止至2005年，获此殊荣的华人仅有一位，他是2000年图灵奖得主姚期智。

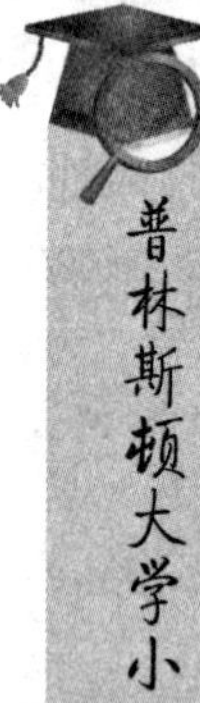

普林斯顿大学小百科

普林斯顿大学因大学城之利且声誉宏伟，许多研究机构或公司纷纷设立于其附近或外围，以就近取才或从事建教合作诸如 AT&T,Lucent 贝尔实验室（Bell Lab), Mobil, David Sarnoff Research Center, NEC, Squibb 及教育训练及测试中心（ETS）等皆设立于此，一方面提供了知识及文化上的多样性，另一方面也创造了许多就业机会。

第五章　孕育梦想的地方

历史上普林斯顿大学校友中有 35 人(1919 年—2011 年间)获得过诺贝尔奖。其中有和平奖,化学奖,医学奖等各个奖项,此外,普林斯顿大学的学者在一流学术期刊和人文类杂志上发表论文的人均数量也高居全美之首。这里是孕育梦想的地方。

第一课　美国常春藤盟校之一

大学名言

讷讷寡言者未必愚，喋喋利口者未必智。

关于普林斯顿大学，这所美国乃至世界的最著名学府之一，你一定已经知道了不少。

你知道阿尔伯特·爱因斯坦在这里度过了生命中最后的二十二年时光；知道当代最著名的大诗人之一T.S.艾略特20世纪初在此沉溺于冥想玄思；知道这里是美国独立战争时期重要纪念地，乔治·华盛顿将军在此与英军大战几个回合——对了，他还称赞过普林斯顿大学是一所“能给人以值得尊重的教养”的圣殿；你知道普林斯顿大学的尊崇地位的标志之一就是每逢50年校庆，一定请到当时在任的总统前来演讲。

【特色专业】

普林斯顿大学以数学和哲学闻名,其余相当好的学科有:包括英语、政治、物理、天体物理、历史、古典文学、经济、美术史、音乐、德文和法文。工程学方面有:化学工程、机械工程和航天工程。

或许你更清楚地知道华人中最早获得诺贝尔物理学奖的杨振宁,曾经在这里埋头于高能物理世界;著名的历史学家余英时、1998年诺贝尔物理学奖获得者崔琦等华人学界翘楚目前都在这里任教;前加州大学柏克莱分校校长田长霖曾经在这里度过了美好的大学时光。

普林斯顿大学成立于1746年,是美国第四古老的大学。这所世界闻名的高等学府,与哈佛、耶鲁并称"常春藤三巨头",《美国新闻与世界报道》杂志最近至少连续5年将其评定为"美国最好的大学"。

这一漫长的发展史可以说是由无数文人墨客、科学巨匠谱写成的历史。在普林斯顿大学不同的历史发展阶段,正是由于有了一位位杰出校长的先进理念的指导以及各个领域的大师和领军人物的引领,才成就了普林斯顿大学今日的辉煌。

普林斯顿大学作为美国常春藤盟校之一,不但以学术水平著称于世,其校园风光也闻名遐迩。在深秋暖阳的照耀下,校园优美如画。

独立战争时期,美国大陆会议曾在这里召开;两百多年前,美国"开国之父"乔治·华盛顿将军曾经在这里与英军大战几个回合,并在给他养子的一封信中这样说道:"没有一所学校能比它产生更好的学者和给人以更值得尊重的教养。"20世纪最伟大的科学家爱因斯坦曾经在这里度过了生命中最后的22年时光,并发出了这样的感叹,"我舒服得像一头冬眠的熊,在颠沛的一生里,从未试过如此像在家里。"当代最著名的大诗人之一艾略特20世纪初曾经在这里沉溺于冥想玄思;每逢50年校庆,当时在任的美国总统一定会在这里发表演讲。

《美国新闻与世界报道》周刊2006年8月17日公布最新美国大学排行榜,普林斯顿大学连续8年独自位居榜首或与其他院校并列榜首。哈佛大学和耶鲁大学分别名列第二和第三。

在260余年的建校史上,普林斯顿大学产生过不少星光灿烂的人物,

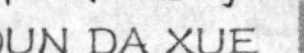

对美国的社会文明做出过很大的贡献。著名的相对论大师爱因斯坦、数学大师约翰·冯·诺伊曼等都在这里从事过研究。普林斯顿大学还为美国培养了两位总统、有1000多名普林斯顿大学的毕业生先后担任过美国国会参议员、众议员、联邦政府的高级官员，以及州长和州政府的高级官员。由此，普林斯顿大学赢得了"美国政治家摇篮的誉称"。

普林斯顿大学小百科

中国著名的科学家华罗庚、姜伯驹，中国科学院外籍院士陈省身、李政道、杨振宁都曾担任过普林斯顿大学的高级研究院研究员。历届诺贝尔物理学奖得主中，有 18 位是这所学校的教授，还有 14 位是该校校友。普林斯顿大学现有健在的校友 83 500 多人，分布在美国和世界各地。

第二课　普林斯顿大学的“美丽心灵”

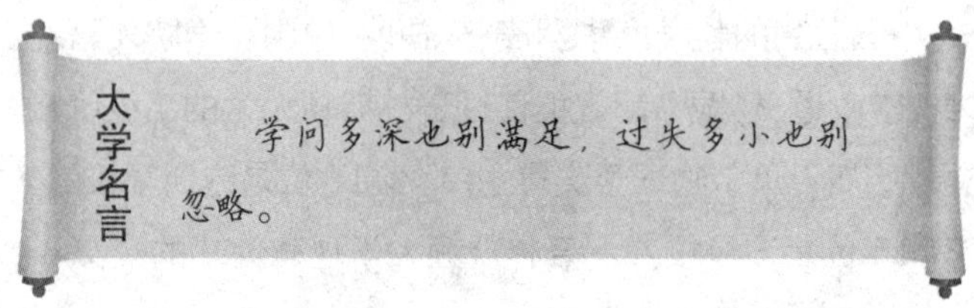

提到普林斯顿大学，很多人都会想到传奇的科学家纳什和他的“美丽心灵”。1948年，纳什从数学系毕业，并且同时获得了去哈佛大学、普林斯顿大学、芝加哥大学和密歇根州立大学深造的机会。当时的纳什最渴望去哈佛大学，但是哈佛大学提供给纳什的奖学金是这几所学校中最少的，这让纳什很失望。最终，纳什选择了普林斯顿大学。

与其说是纳什无奈的选择，不如说是命运对纳什的厚赠。普林斯顿大学自由的学术环境非常适合纳什。在普林斯顿大学，纳什遇到了当时的数学系主任莱夫谢茨。莱夫谢茨是俄国移民，在一次事故中失去了双手和前臂。莱夫谢茨珍视学生创造性的想法，鼓励学生

进行独立思考，这对纳什的影响很大。

【学校历史】

普林斯顿大学刚建成时规模很小，只有一幢名叫只“纳索堂”(又译“拿苏楼”的大楼。Nassau Hall)的建筑。从1756年的迁址到1803年Stanhope Hall建成，整个学院唯一的建筑便是拿苏楼(Nassau Hall)，是以英王威廉三世的橙色拿苏王室命名的。

每到下午3点的下午茶时间，教授和学生聚集在一起，数学总是大家永恒的话题。这是普林斯顿大学特别的教学方式，在谈论中，教授们暗自对每个学生的能力进行评价。也是在这种教学方式下，使纳什的思想天马行空、异常活跃，天才的光芒再也无法遮掩。纳什对很多科目都很感兴趣，他甚至曾经造访过爱因斯坦，向他陈述自己对于重力的看法。在经过长达一个小时的讨论之后，爱因斯坦对这位年轻人无比欣赏，希望他也能加入物理研究的行列。在这个大师云集的地方，纳什以其聪明的才智、好学的精神很快成了校园里的传奇人物。

1944年，数学家约翰·冯·诺伊曼与经济学家奥斯卡·摩根斯坦恩共同著述了《博弈论和经济行为》，通过阐释二人零和博弈论，正式奠定了现代博弈论的基础。6年后，22岁的纳什以27页博士论文《非合作博弈》(Noncooperative Games)毕业。同年，梅尔文·德雷希尔(Melvln Dresher)和梅里尔·弗勒德(Merrill Flood)以及顾问艾伯特·塔克(Albert Tucker)在兰德公司(Rand Corporation)的一项试验中正式引出囚犯困境(Prisoner'sDilemma)理论。而纳什的论文提出多人非合作博弈和后来称为纳什平衡的概念，为非合作博弈理论 (Non-cooperative Game Theory) 和交易理论(Bargaining Theory)作出了巨大贡献。此后，纳什在数学研究领域崭露头角、硕果颇丰。

“木秀于林，风必摧之。”30岁的纳什被诊断得了妄想型精神分裂症。纳什的病情在好转与复发之间反反复复。妻子艾丽西亚对他不离不弃，始终守护在他的身旁。妻子艾丽西亚坚持要纳什留在普林斯顿大学，因为在别的地方，一个行为古怪的人会被当作疯子，而在普林斯顿大学这个广纳天才的地方，人们会充满爱心地想——他可能是一个天才。就这样，纳什一直留在普林斯顿大学，像个幽灵一般时而在校园中徘徊，时而在黑板上写下数字命理学的论题。而此时，他的名字开始出现在经济学课本、进化生物学论文、政治学专著和数学期刊等各领域中，并且已经成为经济学或数学的一个名词，如“纳什均衡”“纳什谈判解”“纳什程序”“德乔治—纳什结果”“纳什嵌入”和“纳什破裂”等。看到纳什的名字却听不到关于纳什的任何消息，很多人以为这位天才早已离世。

生活往往是最富有戏剧性的。在昏昏沉沉几十年后，纳什居然渐渐从疯癫中苏醒了过来。1994年纳什获得诺贝尔经济学奖，这让数学圈里的许多人惊叹：原来纳什还活着。

纳什的故事感动了无数人，以其生活经历为原型创作的电影《美丽心灵》夺得了第七十四届奥斯卡最佳影片、最佳导演、最佳改编剧本和最佳女配角四项大奖。普林斯顿大学成就了纳什，而普林斯顿大学校园中古老的常春藤，向一代代学生讲述着“美丽心灵”的故事。

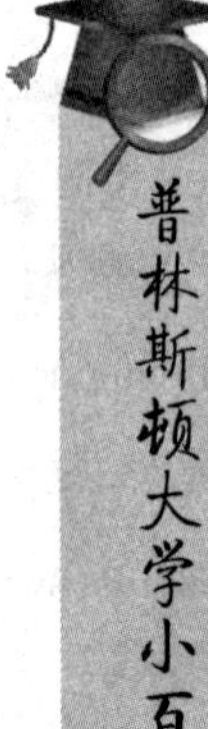

普林斯顿大学为世界培养了众多的精英。著名的科学家华罗庚、姜伯驹、中国科学院外籍院士陈省声、李政道、杨振宁都曾担任过普林斯顿大学的高级研究院研究员。著名的历史学家余英时、经济学家邹至庄等在这里任教。北京大学光华管理学院院长助理周春生教授，在普林斯顿大学获得当年最优博士生荣誉。

第三课　普林斯顿大学的“腹中之火”

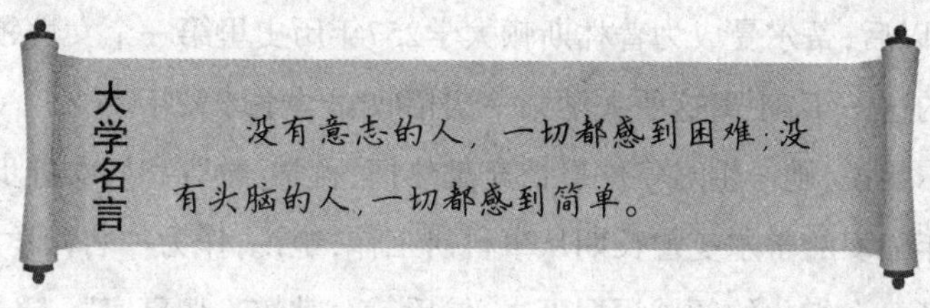

谢莉·蒂尔曼是一名杰出的生物学家。她曾参与世界第一例哺乳动物的基因克隆实验，证实基因表达取决于父母的染色体，于2002年荣膺联合国教科文组织“世界杰出女生物学家”奖。

蒂尔曼也是一名优秀的管理者，自2001年成为美国普林斯顿大学首位女校长以来，领导学校年年雄踞《美国新闻与世界报道》杂志美国大学排行榜榜首。

从上任到现在，蒂尔曼已经在普林斯顿大学做了近10年的校长。担任校长之前，她是一位颇有建树的分子遗传学专家，从事干细胞方面的研究，主管普林斯顿大学路易斯-辛格一体化基因研究所。蒂尔曼曾参与过世界第一个克隆哺乳动物基因实验，并在2001年成功地促使干

【学校历史】

在美国独立战争期间，学院曾经被战争双方所占领，许多学校的建筑及设施都被大规模地损坏。战争中，华盛顿将军为从英国侵略者手中将其夺回，向拿苏楼发射了猛烈的炮火，而饱受蹂躏的拿苏楼奇迹般地存活下来。

细胞研究问题第一次成为美国总统候选人辩论的话题。

2000年10月，蒂尔曼应邀加入了普林斯顿大学校长遴选委员会。几个月后，委员会其他成员发现她的教育理念比较特别，“我们何不考虑让她作为候选人?”于是，就在遴选委员会宣布新校长名单6周前，蒂尔曼退出了委员会，变成了校长候选人。

6周以后，蒂尔曼成为普林斯顿大学257年历史里第一个女性领导人。她上任的这一年，距离这所大学第一次招收女学生才32年。

蒂尔曼说，她一生对三件事情充满热情：科学、教育和妇女进步。

现年63岁的蒂尔曼曾长期从事科研工作，她说，作为一名科学家，“你需要在某一个细化的领域深掘下去，然后就会掌控一切事实”。

这句话显露出蒂尔曼的自信。“自信是父母给我的最伟大的礼物”，她说。

蒂尔曼出身于加拿大一个普通家庭。父亲是一名银行家，特别抵制那些所谓“女性职业”“男性职业”的说法。母亲是一名家庭妇女。家庭教育使蒂尔曼从小就树立起很强的自信心，“当我要去做一些有趣的事情时，我就感觉信心十足”。

蒂尔曼在宾夕法尼亚坦普尔大学取得生物化学博士学位，两年后成为美国国家卫生研究院博士后。她似乎预见到自己将在科研领域取得一定成就。

在导师菲尔·莱德的鼓励和帮助下，蒂尔曼参与哺乳动物基因克隆实验，取得了多个突破性发现。最终，蒂尔曼和同事们创造了历史，取得世界第一例哺乳动物基因克隆实验的成功。

蒂尔曼的事业并非一帆风顺。当两个孩子分别只有两岁和 6 个月大时，她遭遇婚姻变故。既要照顾年幼的孩子，还要继续科学研究，蒂尔曼只

能更有效地利用时间,提高效率。她说:“除了家庭和工作,我舍弃了一切。我有一个信条:当我工作时,我不要(对孩子)觉得愧疚;当我和孩子们在一起时,我不要(对工作)感到愧疚。”

蒂尔曼认为,要在科研领域获得成功,“腹中之火”是主要因素,也就是伟大的抱负和强大的动力。多年来,她一直贯彻这一理念。担任普林斯顿大学校长之初,她宣布,每周将有一天时间用于研究。

但这只是蒂尔曼的美好愿望。就任校长后,她认识到,科学是一个竞争高度激烈的领域,一周一天时间远远不够。她的实验室当时有20名成员,之后没再招收新成员。蒂尔曼坚持带领实验室内的博士生完成博士课题,等待博士后找到新位置。今年,随着最后一名学生完成课题,她的实验室宣告关门。

蒂尔曼担任普林斯顿大学校长有点无心插柳的意思。2000年,她作为分子生物学家和学校基因研究中心前任负责人,进入普林斯顿大学一个专门委员会,寻找校长人选。期间,蒂尔曼的热情、谦逊、坦率和坚韧令委员会其他成员印象深刻。他们发现校长人选其实远在天边,近在眼前。于是,蒂尔曼于次年走马上任,成为普林斯顿大学建校25年以来首位女性校长。

从实验室到校长室,蒂尔曼面临着角色转化。她说,科学家需要“深挖井”,而校长则与科学家不同,需要“广铺路”,就是要尽可能地掌控一切事务。她还说:“就某种程度而言,管理一个实验室就是管理一座大学的小型模拟。管理学校包含将合适的人选放在合适的岗位上,为他们提供所需资源做好工作。”

在担任校长之前,蒂尔曼曾在第一线教学15年,以独特的教育理念著称,并因

【学校历史】

普林斯顿大学在詹姆斯·麦迪士在1868年成为校长之后变得停滞不前。在他作为校长的二十年间，课程被无谓地检查，科学课程的扩展被限制。麦迪士还监督了一系列哥特复兴风格建筑的兴建。

此于1996年获得校长奖。她认为，学生应该尽早接触现代科学中最令人兴奋的问题。蒂尔曼认为这段经历是她的一大优势，有助于与院系沟通。“我清楚一个系如何看待自身作用、责任和挑战，而他们也知道我清楚这一点。”担任校长以后，蒂尔曼依然参与分子生物学的入门教育。

普林斯顿大学虽然是一所历史悠久的著名高校，但从学生人数上似乎可以说是一所“袖珍大学”，目前在校本科生5000名左右，硕士和博士研究生2000多人。

蒂尔曼觉得，规模不大，学科不全，正是普林斯顿大学的优势所在。学校因此可以开展多学科之间的交叉对话。譬如在蒂尔曼创建的基因学院，一、二年级的学生除了生物学之外，还需要学习化学、医学、计算机。

蒂尔曼说：“正因为我们不需要什么都做，我们才能够集中所有精力和资源来干两件事情，一是非常严格的本科生教育，二是非常学术化的研究生教育。我们把这两件事情做到了极致。我们认为，小就是一种美！”

在蒂尔曼的带领下，普林斯顿大学在《美国新闻与世界报道》杂志的美国大学排行榜中，或独占鳌头，或与哈佛大学并驾齐驱，年年占据榜首。

卡内基学会名誉主席玛克辛·辛格如此评价蒂尔曼：“她对普林斯顿大学的领导，正如她在科学领域的领导一样，表明她不仅勇于提出难题，而且勇于想办法解决问题。”

身为女性，蒂尔曼切身体会到科学领域对不同性别的差别对待，因此她致力于提升女性在科研领域的地位。如今，她总结自己的斗争成果说：“目前还很难宣布胜利。”

蒂尔曼认为，大学应该教导女性为科学而争辩，并且意识到它的重要性。“真理越辩越明，因此你必须具备辩论技巧。而女性一般不愿参与粗鲁的、混乱的科学辩论，所以我们要让她们习惯辩论。”

担任校长以后，蒂尔曼组建了一个专责小组，调研女性在科学和工程方面的能力。她还承诺为招收和保留女性科研人员提供更多资源。她正在逐渐兑现自己的承诺。美国大学教授协会的调查显示，常青藤联盟学院中，普林斯顿大学是唯一缩小男女教授薪资差距的学校。

蒂尔曼还先后任命4名女性担任学校高层主管，而这几个位置原来都由男性把持。有人批评蒂尔曼，此举是“以性别为基础的断然举措”。

“多年前，我就说过，等我退休以后，我将成立一家公司，雇佣退休人员，专门为职业妇女提供服务，譬如等候修理工上门，照顾生病的孩子等等，”蒂尔曼说。

普林斯顿大学小百科

普林斯顿大学的校址方圆2.4平方公里。校内有很多歌特复兴风格的建筑，大多数都是19世纪末20世纪初修建的。拿苏楼是校内的主管理楼，建于1756年，曾在1783年间短暂地被作为国会大厦使用。校内还有很多雕塑，包括亨利·摩尔、克莱门特·米德穆尔和亚历山大·考尔德的作品。

第四课　普林斯顿大学名人榜——美国戏剧作家尤金·奥尼尔

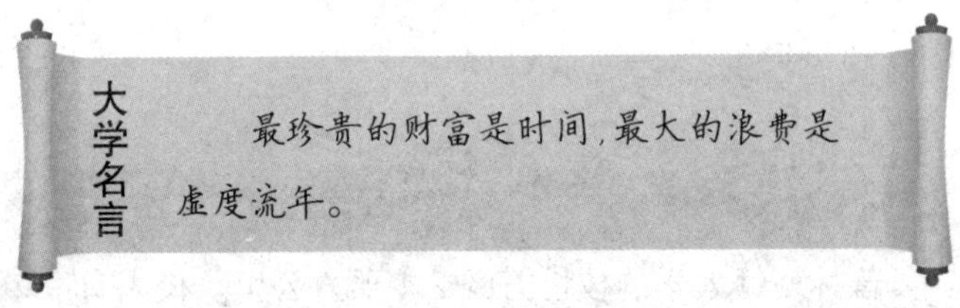

人物履历

尤金·奥尼尔(EugeneO'Neill)美国著名剧作家，表现主义文学的代表作家。主要作品有《琼斯皇》《毛猿》《天边外》《悲悼》等。尤金·奥尼尔是美国民族戏剧的奠基人。评论界曾指出："在奥尼尔之前，美国只有剧场；在奥尼尔之后，美国才有戏剧。"一生共4次获普利策奖，并于1936年获诺贝尔文学奖。

奥尼尔出生于纽约一个演员家庭，父亲是爱尔兰人。1909年至1911年期间，奥尼尔曾至南美、非洲各地流浪，淘过金，当过水手、小职员、无业游民。1911年回国后在父亲的剧团里当临时演员。父亲不满意他的演出，他却不满意剧团的传统剧目。他学习亨利克·易卜生和奥古斯特·斯特林堡，

1914年到哈佛大学选读戏剧技巧方面的课程，并开始创作。1929年耶鲁大学授予他名誉文学博士学位。此后他居住在美国佐治亚州一个远离海岸的岛上专心写作。

> **【学校历史】**
>
> 1896年，为了表示对所在地的尊敬，新泽西学院正式改名为普林斯顿大学。同年，学院也进行了大规模的扩建，也正式变成了一所大学。

一生写作45个剧本，题材广泛，戏剧风格多样。由于他的努力，美国的戏剧事业得以在20世纪20年代发展起来，成为美国文化领域中堪与小说、绘画、音乐作品相提并论的艺术形式。因而被公认为美国最重要的戏剧作家，1936年获诺贝尔文学奖。四次获普利策奖的剧本有《天边外》(1919)、《安娜·克里斯蒂》(1922)、《奇妙的插曲》(1928)和《进入黑夜的漫长旅程》(1967年在他逝世后上演)。

晚年，奥尼尔患上帕金森氏症，并与妻子卡罗塔爆发矛盾。从20世纪30年代起，奥尼尔就想构思一部包括11个剧本的连续剧，描述家庭悲剧的自传式剧本《进入黑夜的漫长旅程》原本是交托给他的独家出版社兰登书屋务必于他死后25年才可发表，但奥尼尔逝世后，卡罗塔接手此稿交由耶鲁大学出版社立即出版。

生平介绍

奥尼尔出身于演员家庭，其父因收入所迫，一生专演《基督山伯爵》，虚耗了才华。奥尼尔少年时期随父亲到各地演出，走遍了全国的大城市。1906年考入普林斯顿大学，一年后因犯校规即被开除。此后到各处去自谋生路，1910年，他去商船上当海员，一年的海上生活给他以后的创作提供了大量素材。后因患病住院，疗养期间阅读了希腊悲剧和莎士比亚、易卜生、斯特林堡等众多名家的剧作，开始习作戏剧。不久进入著名的哈佛大学"第47号戏剧研习班"，在乔治·贝克博士指导下，剧作水平大有提高。

1916年，在麻省进入普洛文斯坦剧团当编剧。当时，美国实验性的小剧团运动方兴未艾，初创的普罗温斯顿剧团上演了奥尼尔第一部成熟的作品《东航加迪夫》(1914),开始引起公众的注意。他创作的初期(1913—1919年)主要写航海生活的独幕剧,以自然主义手法,如实地描写海上生活的艰辛单调,特别是刻画了海员孤苦无望,自暴自弃的心态。风格上近似抒情散文。虽然题材狭窄,手法较单调,但是比之迎合市民趣味的商业戏剧却有意义得多,主要作品还有《渴》《遥远的归途》和《加勒比斯之月》等。

创作高潮

1920年,奥尼尔的《天边外》在百老汇上演,并获普利策奖,由此奠定了他在美国戏剧界的地位。奥尼尔创作的鼎盛期(1920—1938年)不仅题材和主题丰富多样,而且形式上也从早期的以自然主义为主,发展成一种糅合着象征主义、表现主义和意识流手法等现代艺术意识和技巧的新型风格。其中《琼斯皇》(1920年)以非洲战鼓的节奏变化,呈示逃犯内心的惊慌,焦虑直至疯狂的情绪波动。《毛猿》(1922年)广泛运用了象征手法,以邮船象征社会,大炉间象征牢笼,扬克象征人类,使作品的思想内涵更为丰富。《大神布朗》(1925年)角色全部戴上了非洲黑人的假面具,只有在显露本性、泄漏内心秘密朗诵长篇独白时,才把面具取下,以此表现双重人格。到1927年写的《撒拉路笑了》使这种表现手法得到进一步的发展,内容写撒拉路从坟墓中回来,象征人能征服死亡,得到爱情和幸福。这一时期,他创作了20多部戏剧,其中很多成了美国戏剧史上的经典,重要的剧作还有《安娜·克利斯蒂》《榆树下的欲望》《奇异的插曲》和《悲悼》等。

低迷时期

其后12年,因身体状况不佳,他写得很慢,没有新作问世,正当人们以为他江郎才尽时,1946年他晚年的杰作《送冰的人来了》发表,他还亲自参与了彩排。奥尼尔创作的后期(1939—1953年)也是其创作风格返璞归真的时期。较之中期,他的写实的倾向明显强化了,但不是对早期的简单重复,而是将现实主义和现代主义融为一体,在非常生活化的场面和言行中,蕴含着深沉的悲剧性冲突。如使他第4次获得普利策奖的自传性作品《进入黑夜的漫长旅程》(1941年),描写泰伦一家四个成员从早到晚的日常生活,他们抱怨、挖苦、争吵、倾诉又和解,似乎没有多少戏剧性,但其内蕴的张力使观众会产生一种紧张的窒息感,因为庸俗的生活对人性中美好东西的腐蚀力,在这里被自然平易而又惊心动魄地表现出来了。

他以自己的亲身经历和家庭的不幸遭遇为素材,毫不留情地把自己家里的痛苦、最不可告人的真情实事公之于众。在他的笔下,父亲吝啬,母亲吸毒,哥哥是酒鬼,自己患肺病,心爱的儿子早死等等家里的丑事和不幸,都在剧中表露出来,表现了惊人的大胆与坦荡。此剧在他逝世后的1956年12月20日在瑞典首都斯德哥尔摩皇家大剧院首次公演,深深感动了包括瑞典国王和王后在内的广大观众。瑞典有的报纸评论,认为奥尼尔的成就已经超过易卜生和斯特林堡,有人甚至把奥尼尔和莎士比亚相提并论。

奥尼尔去世后,按他的要求,墓碑只镌"奥尼尔"三字,但他在美国戏剧史上烙下的辉煌印记却是永难磨灭的。奥尼尔是一位严肃的戏剧家,他的剧作可以说是美国严肃戏剧、试验戏剧之滥觞。他才华横溢,擅长写作悲剧。《啊,荒野》是他剧作中唯一的喜剧。他性格郁悒,个人生活不如

【学校历史】

1902年,伍德·威尔逊(后成为美国总统)就任校长,在他任校长期间,普林斯顿大学开始了一系列重大的改革,开设荣誉课程、实行导师制。普林斯顿大学于1905年新增了一个叫作"导修课"("preceptorial")讨论研究课程。这个在当时很特别的概念以一个更个人化的小组学生与教师讨论的方法替代了原有的大教室课程。

意，长期颠沛流离，因而他的人生观比较阴郁，作品中忧郁、压抑、悲观的成分较多。他是探索人的复杂心理的大师。他的写作题材相当广泛；他关心社会问题，也为现代社会的冷酷、残暴和现代人没有归宿的境地所困扰。奥尼尔是一位敏感的艺术家。他感觉到他的时代的“毫不协调、支离破碎、没有信仰的节奏”，努力发掘人的欲望及失意的根源。关于现代人无能为力的悲剧意识贯穿在他的一生所有作品中。

作品简介

《天边外》描写一个美国农民家庭的不幸的生活。罗伯特·马约和安德罗兄弟二人同时爱上邻女露芝，露芝决定和罗伯特结婚，罗伯特本幻想去天边外生活，结了婚就只得留在家中务农；他的哥哥安德罗本想在家务农，只好去天边外。罗伯特不会经营农业，家境日益困难，露芝婚后不久就与他感情不和。他最后死于肺病，临死前对安德罗说，他和露芝都是生活中的失败者，而安德罗则是他们三人中最大的失败者，因为他放弃了他应该从事的农业去经营商业投机。马约一家的生活理想都被无情的现实所破坏。《天边外》被认为是一部标准的现代悲剧，它也反映了作者对待人生的消极态度。这部剧作保持着悲剧情节的一致性。它分为三幕，每幕两场：一在室外，一眼看到天边；一在室内，看不到天边。这两种场景交替出现，表明理想与现实之间距离的遥远。它继承了古代的悲剧创作传统，为作者首次赢得普利策奖。

《琼斯皇帝》是一部表现主义的剧作。它描写一个岛上的黑人首领琼斯的悲剧故事。他背叛了自己的种族，遭到黑人群众的反对，企图穿过一座森林逃走，结果被追捕者杀死。这个剧本不分幕，只分场，许多场面只是描写琼斯一个人在森林里的活动，他的紧张的心情，恐惧的心理，精神恍惚和下意识的行动以及在这种情况下出现的种种幻象等，都是表现主义的创作特征。剧中用节奏不断加快的鼓声一步步加紧催促琼斯在艰难的环境中走向死亡，具有强烈的戏剧效果。这部剧作还包含着象征主义、浪漫主义、神秘主义和情节剧的多种特征。演出时运用复杂的布景、灯光以

及蔚为奇观的服装道具，借以展现创作主题；然而它的思想内容却有很大的局限。

奥尼尔的《克里斯·克里斯托夫逊》也是1920年的作品，后来被改写成《安娜·克里斯蒂》(1922)，作者因此再次获得普利策奖。它主要描写船长的女儿安娜的遭遇。她的父亲对海上生活已十分厌倦，让她居住在内地，避免和海员结婚。不料她后来沦落成为妓女，几经周折，结果仍然要与一个海员结婚。为什么事情的发展总要违背人们的主观愿望呢?这在奥尼尔看来是个不可理解的问题。对于安娜这个人物，作者是深表同情的。他希望她能够结婚，重新做人，因此给剧本安排了一个易卜生式的没有结局的结局。

【经典语录】

没有比较，就显不出长处；没有欣赏的人，乌鸦的歌声也就和云雀一样。要是夜莺在白天杂在聒噪里歌唱，人家绝不以为它比鹪鹩唱得更美。多少事情因为逢到有利的环境，才能达到尽善的境界，博得一声恰当的赞赏。

在完成《安娜·克里斯蒂》的同时，奥尼尔创作了一部兼有现实主义、表现主义和象征主义的戏剧《毛猿》(1922)。主人公扬克是一艘远洋轮船上的司炉，以身强力壮得到同伴的敬畏而自豪，但遭到旅客中一个有钱的女人的侮辱，便到处寻找他的生活地位，最后只好与动物园的一只大猩猩结交朋友，结果却死在它的大力拥抱之中。剧本表明在冷酷无情的资本主义社会，象扬克这样的工人只能忍受非人的待遇。要想改变这种状况，只会遭到更加悲惨的结局。

奥尼尔运用各种创作方法反映社会问题，1925年完成的《榆树下的欲望》则是他在创作中又一次取得的重要的现实主义成就。这个剧本描写资产阶级家庭争夺财产及其后果。75岁的伊弗拉姆·卡博将前妻的田庄据为己有，希望他的新婚妻子艾比能够生一个孩子继承这一产业。艾比因此去向卡博和前妻生的儿子埃本调情，两人生了一个孩子，同时也产生了真实的爱情。埃本向父亲说明了事情真相，卡博也向埃本透露艾比和他生的孩子将继承遗产。埃本大怒。艾比为了表明她对埃本的爱情，把孩子掐死。埃本不得不去报警，并承认自己也参与了这一罪行，和艾比共同接受法律的惩罚。这部剧作的主题具有普遍的社会意义,从中也可看出古代希腊悲剧的影响。

1926年,奥尼尔又发表了一部象征主义戏剧《伟大之神布朗》,描写一个具有创造性的艺术家在资本主义社会所经历的失败和痛苦,但内容比较抽象,象征性的东西很多。作者运用面具以表现人物的双重人格,运用独白以表现他的内心活动。这种表现手法在他的剧作《拉撒路笑了》(1927)中得到进一步的发展。

在此以后,奥尼尔又完成了一部著名的长剧《哀悼》(1931)。这是套用古希腊悲剧家埃斯库罗斯的三部曲《奥瑞斯忒亚》的格式写的一个三部曲。古希腊英雄阿伽门农及其一家被改为美国将军曼农及其一家。剧情发生在新英格兰,时间在美国内战以后。奥尼尔通过曼农家族复仇的故事,企图表现个人理想和现实生活之间的矛盾冲突。古希腊人的命运观念和复仇观念被个人情欲和弗洛伊德的心理学所代替,妨碍人们实现理想的各种阻力,使曼农一家遭到悲惨的结局。这也表现了作者的宿命论观点。

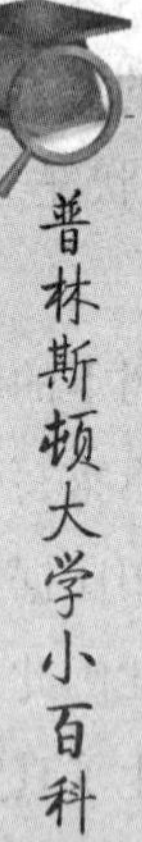

建于1756年的拿苏楼(NassauHall)是普林斯顿大学中最古老的也是仅存的原始建筑,是殖民时代最大的学术建筑,曾在1783年间短暂地被作为国会大厦使用,楼体用当地的砂岩建造,该建筑经受了两次火灾和独立战争时期的炮弹,并服务了超过250多届的普大学生。作为国家和学校的历史标志,拿苏楼现在是校长和其他大学高层管理人员的办公室所在地。

后 记

本丛书是根据世界著名大学文化教育长期思考研究编辑而成，它代表着我的一份独立思考，更代表着我的一份紧张和不安。

我知道书是写给别人看的，且不说怎样去影响别人、打动别人，起码得让人饶有兴致地读下去吧。我试图从新的视角，新的写作方式，尽可能全面准确地把握写作主题，让读者从世界著名的20所高等学府中获取知识，从而提高自身的文化素质，学习思考问题和学术研究的新方法。在文化交流中，读者能够从本丛书中了解到世界著名大学的文化教育思想，同时可以学习借鉴这些大学教育经验的有效做法和成功经验。我知道，想到了未必能做到，更未必能做得好。这是个大问题，就算不能够起到抛砖引玉的效果、但是在编写过程中我还是做了大胆的尝试，希望读者们可以在阅读的过程中有所收获，有所启发。

本着这样的想法和初衷，经过长期的准备和编写，书稿业已完成。大学是人才荟萃、知识丰富和精神自由的地方，在大学里，每个大学生的人生都会因为环境而发生重大的转折和改变，这也是人生获取能量、积累资源最重要的时期。因此，大学生在校期间应该兼收并蓄，广泛寻求与老师、同学、校友之间的互动交流机会，从而既可获得一面立体的“镜子”，清晰地认清自己，又能获得各类精神营养的滋润，让自己拥有领袖的气质。

大学是未来领袖的摇篮，是天才的渊薮，也是一个人在走向社会之前的自我磨练的地方。在这样一个思想极度开放自由的地方，作为大学生必然会遇到各种各样的问题。在这套丛书中，我们不仅介绍各所世界名校的发展历程、研究成果，同时我们还介绍了这些高等学府的知名校友，青少年在阅读时会从那些名人的生平事迹中有所感悟，从而影响青少年读者的人生价值观。我始终认为大学教育是一个人在成才过程中必不可少的教育阶段，在这一时期，大学生们必须要有自我发展的意识，而“未来领袖摇篮”丛书正好符合了青少年在这方面的需求。

大学有着深厚的文化积淀，其功能是培养符合社会需要的人才。尽管大学中的教学活动都是围绕专业知识的传授和学习展开的，实际上，一批又一批的青年学子始终是在学校中各种“潜在课程”、“无形学院”的培养、熏陶和影响下成长的。学知识与学做人，始终是摆在大学生面前的两件同等重要的任务。大学教育的本质在于人的教育。

高等教育的最重要目标并不是为了培养出多少具有先进知识的人才，而是在于培养具有高等素质的复合型人才。换句话说，在学生的专业知识与人格得到全面发展的同时，大学作为培养“未来领袖的摇篮”肩负着责无旁贷的重任。